大切なものほど、そばにある。

大人になる君に伝えたいこと

大野靖之

きずな出版

はじめに　夢《ゆめ》を語《かた》り、愛《あい》を伝《つた》える

僕《ぼく》は、日本全国の学校で、子どもたちに歌とメッセージを届《とど》ける「学校ライブ」というものをやっているシンガーソングライターです。

対象《たいしょう》は主《おも》に小学校、中学校、高校《こうこう》。この活動《かつどう》は平成15年から始まり、現在までで12年間続けています。ライブを行《おこな》った学校の数はもう８００校を超《こ》えました。

始めた当初《とうしょ》は、出身地《しゅっしんち》である千葉県《ちばけん》内の学校だけをまわっていましたが、いまでは47都道府県中、46都道府県をまわり、まだ行っていないのは熊本県《くまもとけん》のみとなりました。

「学校ライブ」と聞くと、文化祭《ぶんかさい》や学園祭《がくえんさい》をイメージする人が多いのですが、決してゼロではないのだけど、僕の場合、そういった行事《ぎょうじ》で呼《よ》ばれることは少なく、「道徳《どうとく》教育の一環《いっかん》」として依頼《いらい》される、というケースが大半《たいはん》を占《し》めています。

そして、いつしか僕は、こう呼ばれるようになりました。

「歌う道徳講師《こうし》」

中学のときに歌手になる夢を抱《いだ》き、23歳のとき、念願《ねんがん》のメジャーデビューを果《は》たしました。当時は、いつかヒット曲を出し、誰《だれ》もが知る有名《ゆうめい》な歌手になることに憧《あこが》れ、それに向《む》かって歩んできました。

でも、「学校ライブ」は、それとはまったく違《ちが》う道です。だから、だんだんと増《ふ》えていく学校ライブの仕事に感謝《かんしゃ》しながらも、「これでいいのか」と心の中で葛藤《かっとう》したこともあります。もっと正直《しょうじき》に言うなら、20代はずっと、そのことに思い悩《なや》んでいたといっても過言《かごん》ではありません。

いまが自分のゴールだとは思っていませんが、学校ライブをやってきた12年間で、いくつもの「答《こた》え」にたどり着きました。

「もしかしたら誰かの役《やく》に立つかもしれない」

「もしかしたら誰かの心や命《いのち》を救《すく》えるかもしれない」

「もしかしたら誰かの人生のヒントになるかもしれない」

自分のしてきたこと、していることに対して、そんなふうに思えるようになりました。

答えは一つじゃない。人生の答えは、一人ひとりにあり、そして、それは一人に一つということでもないようです。

「自分は、このままでいいのか」

「どう生きていけばいいのか」

その答えが見つからなくて悩んでいる人がいるなら、僕は少しだけ、その人に寄《よ》りそって語《かた》りかけたいと思う。そして力になりたいと思う。

最初の頃《ころ》は、まだまだ未熟《みじゅく》な自分が、子どもたちの前に「道徳講師」として立つことには、少し抵抗《ていこう》がありました。でも、そのおかげで、学校ライブを通《つう》じて、たくさんの子どもたちに出会い、歌とメッセージを届けることができました。

子どもの心や人生、そして未来《みらい》は、よくも悪くも、親《おや》や先生といった「まわりの大人《おとな》たち」に影響《えいきょう》されます。

「子は親を選《えら》べない」といいますが、そんなことはないんじゃないかと僕は思っています。たぶん、子どもは親を選んで生まれてきたのです。地球上《ちきゅうじょう》にいる、たくさんのパパとママの中で、「この人たちの子どもになりたい」と決《き》めてきたのです。

学校ライブを通して、子どもたちだけでなく、教師《きょうし》の先生方や父兄《ふけい》の皆《みな》さんにもお会いします。時には、教師として、あるいは親としての悩みを打《う》ち明《あ》けられることもあります。若輩《じゃくはい》の自分に、それに答える資格《しかく》があるのかと思いながら、子どもたちの代表《だいひょう》のつもりでお話しさせていただいています。

大人になったら悩みなんかないのだと考えていましたが、自分が大人になってみれば、そんなことはないんだということがわかります。

親だから、ちゃんとしていないといけない。強《つよ》くならないといけない。

そう思って、がんばっているお父さん、お母さんは少なくありません。

子どもたちには、そのことを知ってほしいと思いますが、その一方《いっぽう》で、お父さん、お母さんにも知ってほしいのは、子どもは、完璧《かんぺき》な親なんて、望《のぞ》んでいないということです。言葉《ことば》を換《か》えれば、どんな欠点《けってん》があったとしても、親は、その子どもにとっては完璧で、愛してやまない存在なのです。

学校ライブをやる前には、児童養護施設《じどうようごしせつ》に通《かよ》っていた時期《じき》がありました。子どもたちに歌を歌ったり、日が暮《く》れるまで一緒《いっしょ》に遊《あそ》んだりしていました。

そこにいる子どもたちは、両親《りょうしん》の離婚《りこん》や経済的な理由、さまざまな事情《じじょう》で親と一緒に暮らすことができません。親を恨《うら》んでもしょうがないと思うこともありましたが、その子たちから親の悪口《わるくち》を聞いたことがありません。それどころか、自分の母親の写真《しゃしん》を自慢《じまん》そうに見せてくれる子が何人もいました。

どんな状況《じょうきょう》でも、子どもは親が大好きで仕方がないのだということを、僕は彼らから学びました。

そんな子どもたちに、僕ができることは何かと考えたとき、それは、夢を語り、愛を伝えることだと思い至《いた》りました。

愛を知らずに、愛を向けることなどできません。

やさしさを知らずに、人にやさしくできるわけがありません。

大人たちが夢を語らなくなったら、子どもたちは夢を見ることをやめてしまうでしょう。

僕は学校の先生ではないけれど、子どもたちの前に立つチャンスを与《あた》えられました。

僕は、夢の大切《たいせつ》さを歌います。

愛の素晴《すば》らしさを歌います。

命の尊《とうと》さを歌います。

全員に届けるなんて、そんなことはできないかもしれません。

けれども、それが自分《じぶん》の使命《しめい》であり、それを果たすことで、誰かの人生を動かすきっかけになるかもしれない。そんな大《だい》それたことを、と、少し恐怖感《きょうふかん》にたじろぎながらも、本書を書き上げることもまた、僕の果たすべき使命の一つと信じて書いていこうと思います。

［目《もく》次《じ》］

第《だい》1章《しょう》

自分《じぶん》は何《なに》がしたいのか

第2章　夢をスタートさせる

第3章　次のステージに進む

第4章 プライドをもって生きる

第5章 誰かのためにできること

終章

未来へのチケット

序章

一人で生きていく力

誰の真似《まね》でもない人生《じんせい》を生《い》きる

「みんなと同じじゃ、つまらないでしょ」

僕たちが物心ついた頃からの母《はは》の口癖《くちぐせ》だった。

洋服《ようふく》や何から何まで、母と一緒に何か買い物にいくときは、決まって、これを言われた。みんなが青《あお》を選ぶなら赤《あか》にしなさい。まるでそんなことを言っているように聞こえるくらい、母は僕らに個性《こせい》ある生き方を求めた。

そして、もう一つはオリジナリティ。この教育方針《ほうしん》は異常《いじょう》なくらいだった。

「みんなと同じ」にならないように、母は究極《きゅうきょく》の道を選んだ。それは、「手づくり」である。

幼稚園《ようちえん》、小学校低学年《ていがくねん》くらいまでは、洋服もバッグも母の手づくりが多《おお》かった。

いまでも忘れないのが、幼稚園のクリスマス会のとき。お父さんお母さんからプレゼントをもらうコーナーがあるんだけど、当時、僕らが大好きだった戦隊《せんたい》ものの衣装《いしょう》を母が手づくりで再現《さいげん》し、プレゼントしてくれた。

もう嬉《うれ》しくて嬉しくて仕方なかった。すぐに一卵性《いちらんせい》の双子《ふたご》の兄《あに》と着がえ、完全《かんぜん》にヒーローになりきった。友達《ともだち》もみんな、「すげーすげー」と言って、僕らのまわりに集《あつ》まってきた。

母が生きている間にしてくれたことの中で、たぶんナンバー1に輝《かがや》くくらい、嬉しい出《で》来事《きごと》だった。

小学校のときの夏休《なつやす》みの宿題《しゅくだい》なんか大変だった。ある意味、僕よりも気合《きあ》いが入っていた。

何年生のときか忘れちゃったけど、僕は粘土《ねんど》で恐竜《きょうりゅう》をつくることにした。そのときも言っていたな。「みんながおどろくくらい、大きなものをつくりなさい」って。

当然、それを始業式《しぎょうしき》に学校に持っていったら、みんなが目を丸くしておどろくのだ。そんな瞬間《しゅんかん》が、僕は本当に大好きだった。たしか、その作品は賞《しょう》も取《と》ったはずだ。

「みんなと違《ちが》うことをする」

気がつけば母の思いを一身《いっしん》に浴《あ》びて、僕はすくすくと育《そだ》っていった。

でも年頃になると、それがすごくイヤになった。たまには「みんなと同じ」がいいのだ（笑）。そのときは反発《はんぱつ》したし、母と喧嘩《けんか》になったな。

みんなが持っているゲームも欲《ほ》しかったし、みんなが履《は》いている靴《くつ》も欲しかった。クリスマスや誕生日《たんじょうび》のプレゼントで、そういったものは買《か》ってくれたけど、いま考えると、そんなものは、お金《かね》を出せば手に入《はい》るものなのだ。

大切《たいせつ》なことは、お金では買えないものを、子どものときに、どれだけ手に入《い》れることができるかだ。

ゲームはやがて壊《こわ》れてしまったり、いずれ飽《あ》きて遊ばなくなる。

でも、お金では買えないプレゼントは、心の中でずっとずっと生きつづけるのだ。

母と過《す》ごした時間はたった18年間だが、その短《みじか》い時間の中で、僕らにしてくれたたくさんのプレゼントは、いまも色《いろ》あせることなく、ずっと僕の心の中で輝いている。

忘《わす》れられない母の姿《すがた》

母は、入院先《にゅういんさき》にも、子どもたちからの手紙《てがみ》を持ち込んで、何度も読み返していた。何度も読んでいるのに、そのたびに大粒《おおつぶ》の涙《なみだ》が、母の目にあふれていた。

「ママが死んだときは、これ全部、棺桶《かんおけ》に入れてね」

そんなふうに言われて、

「なにバカなこと言ってんだよ」

そう笑《わら》い返すしかなかったけど、僕が18のとき、母は本当に死《し》んでしまった。乳《にゅう》がんだった。

7年間という長《なが》い闘病生活《とうびょうせいかつ》は、想像《そうぞう》を絶《ぜっ》するほど、母にはつらく過酷《かこく》な日々だったと思うが、まるでやりたいことを全部やりきったような、とても安《やす》らかな顔をして眠《ねむ》っていた。

けれど、母には一つだけやり残《のこ》したことがある。

それは、息子《むすこ》の夢をかなえた姿《すがた》を見届けること。

歌手になることを誰よりも応援《おうえん》してくれて、いつの日か、大舞台《おおぶたい》に立つ日を楽しみにしていた母だったから、きっと死んでも死にきれなかっただろうと思う。


僕らが幼稚園生のとき、母は園児《えんじ》のお母さんたちと共に演劇《えんげき》をやっていた。

始まりは、そこに通う子どもたちを楽しませるためだけに即席《そくせき》でつくられた「ママさん劇団《げきだん》」だった。しかし、過去《かこ》にプロの劇団に所属していた経験《けいけん》を持つ父兄の方《かた》がいたこともあり、その方の素晴らしい指導《しどう》と個々の強烈《きょうれつ》なキャラクターや情熱《じょうねつ》により、活動の場は園だけには留《とど》まらず、街中《まちじゅう》へと広がっていった。

市内の幼稚園や小学校、主に子どもたちがたくさんいる施設やイベント事《ごと》から母たちは引《ひ》っ張《ぱ》りだこだった。最終的には市内でいちばん大きなホールで、オーケストラの演奏《えんそう》をバックに芝居《しばい》をした。

そのとき、素人《しろうと》とは思えないほど堂々《どうどう》と主役《しゅやく》を演《えん》じきっていた母の姿は、いまでも忘れられない。

僕が幼稚園生の頃から小学校5、6年生くらいまで、母は演劇を続けていたが、僕ら兄《きょう》弟《だい》はしょっちゅう、その「小さな公演」に連《つ》れていかれていた。「連れていかれた」という言い方は、少し正しくない。たぶん僕自身、観《み》に行きたかったのだと思う。

とにかくお世辞《せじ》ぬきで芝居が面白《おもしろ》かったし、何より母のがんばっている姿を見るのが好きだった。そして、子どもたちを楽しませ、笑わせ、夢中にさせていた、そんな母が自慢であり、誇《ほこ》りだった。

公演が終わったあとは言うまでもなく、子どもたちから取り囲《かこ》まれる人気《にんき》ぶり。そんなときの嬉しそうな笑顔《えがお》は、普段《ふだん》の厳《きび》しく怒《おこ》りっぽい母の顔とは、天と地ほどの違いがあった。

母が笑顔で幸せそうだと、こっちまで嬉しくなる。子どもは皆《みな》、そうだと思う。

公演のその当日か後日《ごじつ》、観劇《かんげき》した子どもたちから感想文《かんそうぶん》やお礼《れい》の手紙が母の元《もと》に届く。幼い子どもたちが覚《おぼ》えたての言葉を使《つか》って、無邪気《むじゃき》に一生懸命《いっしょうけんめい》、思いの丈《たけ》をつづった一枚一枚は、感受性《かんじゅせい》豊かな母の心をいつも、わしづかみにしていた。そして泣かせた。

「ママが死んだときは、これ全部、棺桶に入れてね」

自分の残された命がわずかであることを知っていて、こんなことを言ったのだろうか？

それもあるかもしれない。でも、少し違う。

母の幼《おさな》い頃の夢は、女優《じょゆう》になることだったと聞いたことがある。

きっと、その夢が、ささやかながら、かなったことが嬉しくて、彼らの手紙を読んでは泣いていたんだと僕は思う。

生涯つき合える夢に出会う

母はとにかく努力家《どりょくか》だった。

じつは、活動していたのは演劇だけではなく、「素語《すがた》り」というものもやっていた。いわゆる絵本《えほん》や童話《どうわ》などの読み聞かせなのだが、いっさい本などを見ずに、物語の一語《いちご》一句《いっく》を覚えてお話をするという高度《こうど》な表現《ひょうげん》方法である。

これも演劇と並行《へいこう》して、僕らの通っていた小学校で読み聞かせの時間を企画《きかく》したり、子どもたちのいるさまざまな場所《ばしょ》へ出向《でむ》き、精力的《せいりょくてき》に活動していた。

夜《よる》になると練習《れんしゅう》が始まる。

お風呂《ふろ》に入って、パジャマに着がえ、あとは寝《ね》るだけという時間になり、「あれ」が始まる。「あれ」とは、顔《かお》の体操《たいそう》のこと。これが本当に笑える。

目と口を大きく開《あ》けたと思えば、こんどはすっぱい梅干《うめぼ》しを食べたときのように、目と口をすぼめる。それを何度も何度もくり返す。

あまりに面白い顔なので、それを見て大笑いしたものだ。バカにしすぎると母は本気でキレるので、度《ど》を超えないよう、わきまえてはいたが。

顔の体操が終わると発声《はっせい》練習に続き、いよいよ素語りの練習が始まる。

これをほぼ毎日のようにやるんだから、もう趣味《しゅみ》の域《いき》なんかをはるかに超えていた。

毎日の練習の成果《せいか》もあり、母の素語りは次第《しだい》にその界隈《かいわい》で高く評価《ひょうか》されていき、名称《めいしょう》など詳《くわ》しくは覚えていないが、ある大きなコンテストで賞を取ったこともある。

ただの主婦《しゅふ》であり、ただの母親が、なぜそんなモチベーションを持てたのかわからない。

しかし僕の記憶《きおく》に残っている母は、まるで生き急《いそ》いでいるかのような、まるで自分の残された人生の時間がわかっていたかのような、僕が物心《ものごころ》ついた頃から、そんな忙《いそが》しさと充実《じゅうじつ》感《かん》をいつも身《み》にまとっていた。

だからこそ、母と過ごした18年間は濃《こ》い。

母が口にした最後の願い

「二人が生まれてきてくれたおかげで、ママいろんな経験させてもらったよ。やりたいことたくさんやらせてもらったよ。ありがとうね」

病室《びょうしつ》のベッドの上で母は、よく言っていた。

人生はたぶん短い。

あっという間《ま》に歳《とし》をとり、あっという間に死んでいく。

いまは健康《けんこう》でいても、明日にはどうなっているかなんてわからない。

父に、「お母さんはもう長くないから、たくさん話をしろよ」と言われたが、正直生きているときは、そんな実感《じっかん》がわかなかった。がんに冒《おか》され、みるみる弱《よわ》っていく母を見ても、どこかで「死ぬわけない」と思っている自分がいて、見舞《みま》いもさぼっていた。

僕にとっては、なんてことのない1日や1時間でも、病室で僕の訪問《ほうもん》を待《ま》つ母にとっては、どれほど悲しく尊い時間だっただろう。あの頃の僕は、本当に未熟そのものだった。

それでも母は、一度たりとも僕に見舞いを求めるようなことを言ったりしなかった。あんなに厳しくて、どちらかというとわがままな母が（特《とく》に父に対して）、それだけは最《さい》期《ご》まで口にしなかった。

しかし最後の最後で、母が口にした「お願い」があった。

僕はその場にいなかったのだけど、父と双子の兄が、そのお願いを聞いた。

もうほとんど目を覚《さ》ますことのない母だったが、病室に双子の兄が来たので、「大野さん、息子さん来てくれたよ」と、看護師さんが母をゆすって声をかけたら、奇跡的《きせきてき》に母は少しだけ目を覚ましたというのだ。

そして兄の手を握《にぎ》り、こう言った。

「ひろくん、ママがいちばんつらいときに一生懸命、看病《かんびょう》してくれて、ありがとうね。がんばるんだよ」

「やっちゃんの歌が聴《き》きたい」

意識が朦朧《もうろう》とする中、母は続けて、こう言ったという。

「やっちゃんの歌が聴きたい」

僕はそこにいなかったので、兄は僕の歌が録音《ろくおん》されたカセットテープを再生《さいせい》した。母は歌を聴きながら、またスーッと眠りに入っていったという。

これが、母がこの世に残した最後の言葉となった。

僕はこの出来事を、あとで父から聞いた。

歌に対して真剣《しんけん》じゃなかったわけじゃない。けれど、その頃の僕は「歌手になる」という夢を、胸張《むねは》って語れるほどの情熱はなかったと思う。実際、高校3年の春から続けていた路上《ろじょう》ライブも、ずっと休んでいた。

「やっちゃんの歌が聴きたい」

それは「歌いつづけなさい」という言葉に、僕には聞こえた。

そして、こんなことも言われているような気がした。

「あなたには歌で生きていける力がある」

小さい頃から、僕にさまざまな経験をさせ、自《みずか》らの背中《せなか》でも、生き様《ざま》を見せてきた教育熱心だった母は、18年間という短い時間の中でたどり着かなければならなかった「生涯《しょうがい》つき合える夢」を、息子に持たせるという目標《もくひょう》を見事《みごと》に達成《たっせい》させた。

僕は腹《はら》をくくった。

才能《さいのう》があるかどうかなんてわからなかったが、「歌うことが何よりも好き」という気持ちと根拠《こんきょ》のない自信《じしん》、ただそれだけを引《ひ》き連《つ》れて、このたった一度きりの短い人生を歌で生きていく覚悟《かくご》を決めることができた。

さあ、人生という名の旅《たび》の始まりだ。
夢と希望《きぼう》に満《み》ちあふれた未来が、僕らを待っている。

ママが最後《さいご》にできること

作詞《さくし》・作曲《さっきょく》　大野靖之《おおのやすゆき》

あなたが生《う》まれて本当《ほんとう》に嬉《うれ》しかった
あなたのためならば死《し》んでもいいと思《おも》ったくらいよ
はじめまして私《わたし》があなたのママよ
これから何十年《なんじゅうねん》の短《みじか》い時間《じかん》をどうぞよろしくね

どうしようもないほど泣《な》き虫《むし》な子《こ》だわ
いつもママのこと困《こま》らせてばかりいた子だったわ
どんなことがあっても　あなたを離《はな》したりしない
ママがせめてできること　愛《あい》しているわ

他《ほか》の子《こ》のママより決して若《わか》いほうじゃないけど

そんなことで不満《ふまん》など持《も》たせないからね　心配《しんぱい》はいらないわ
あなたがやりたいものなら何《なん》でもやりなさい
何《なに》もなくていい　誇《ほこ》れるものを一《ひと》つ見《み》つけなさい

誰《だれ》の真似《まね》でもない生《い》き方《かた》を
後悔《こうかい》のない人生《じんせい》　あなたには送《おく》ってほしいの
あなた思《おも》うばかりに感情的《かんじょうてき》になってしまうの
ママがいつもできること　愛《あい》しているわ

どんなことがあっても　守《まも》りつづけたかったけど
人《ひと》は永遠《とわ》に生《い》きれないことになってるの
同《おな》じようにあなたも親《おや》になればわかるわ
ママが最後《さいご》にできること　愛しているわ　愛しているわ

あなたが生まれて本当に嬉しかった

第1章

自分は何がしたいのか

才能があるかどうかは問題じゃない

ついさっき教《おし》えたばかりの、覚えたての無邪気な「アンコール」が体育館《たいいくかん》いっぱいに響《ひび》く中、僕は再《ふたた》びアコースティックギターを抱《かか》え、少しかすれた声で最後の思いを歌にぶつける。そしてこみ上げる感情を抑《おさ》えきれず、歌いながら2粒ほどの涙をこぼす。

季節は春。3月の半《なか》ばくらいかな。毎年この「特別な日」のアンコールに限《かぎ》って、僕はいつもよりセンチメンタルな気持ちになってしまう。

学校ライブは800校を超えた

12年間続けた学校ライブは、現在800校を超えた。いまじゃ年間50校くらいだが、ピーク時期は年間約120校という数の学校ライブを行ってきた。

そう聞くと3日に1校くらいのペースかと思うかもしれないが、少し違う。

学校には夏休みや冬休みがあるので、その時期は生徒と同じく学校ライブもお休みである。故《ゆえ》にほとんどが生徒たちが登校している日、さらに平日に行うことが多い。しかも、学校の行事として僕を呼びやすい時期が全国的に同じなのか、秋《あき》がとても多い。いわゆる2学期だ。いまでも忘れないのは、11月だけで25校まわったという記録《きろく》だ。日数では、子どもたちより多く学校に行っている。

その頃は都内《とない》で一人暮《ひとりぐ》らしをしていたが、もうその月に入ると地方《ちほう》めぐりで自宅《じたく》にはほとんど帰《かえ》らなくなる。当然《とうぜん》、いない間は空《あ》き部屋《べや》になっているわけだから、その分の家賃《やちん》をマケてくれないかと思ってしまったくらいだ。

洗濯《せんたく》ものも大変だった。ひさしぶりに部屋《へや》に帰ってきたと思えば、2日後から再《ふたた》び何日間も旅に出てしまうので、唯一《ゆいいつ》のオフ日は、一日中たまった洗濯ものを片づける作業《さぎょう》に追《お》われてしまう。名づけて「洗濯祭《まつ》り」。勝手《かって》に名前《なまえ》をつけて、一人で楽しんでいた。

20代という若《わか》さゆえのパワーなのか、いつでも気を張っていたからなのか、僕はほとんど風邪《かぜ》をひかなかった。いや、風邪をひいていたのに気づいていなかっただけなのかもしれない。だから、自分の体調《たいちょう》などのせいで本番《ほんばん》を休んだことは一度《いちど》もない。

学校ライブは入《い》り時間が朝早いので、出発時間などから逆算《ぎゃくさん》するとけっこうな早起《はやお》きが求《もと》められた。それでもこの12年間で、寝坊《ねぼう》なんて1、2回しかしたことがない。それであっても、本番の時間に間に合わなかった日なんて皆無《かいむ》である。

当時のマネージャーや芸能関係者《げいのうかんけいしゃ》の方々からも、「日本一朝に強いミュージシャン」とからかわれていたくらい、バカがつくほどまじめに取り組んできたつもりだ。

自分の好きなことを見つける

学生時代は勉強《べんきょう》が本当に苦手《にがて》だった。中学3年のときの成績《せいせき》は、もうビリから数《かぞ》えたほうが早いくらい。高校時代は歌以外の試験《しけん》は、すべて追試《ついし》を受けなければならなかった。スポーツもまるでダメだった。中学のときにバスケ部《ぶ》に入ったものの、レギュラー入りはおろか、公式試合《こうしきじあい》に限っては1分も出られたことなんかない。声の大きさだけは自信があったので、いつのまにか応援隊長《たいちょう》のような役割《やくわり》をまかせられていた。かと言って、勉強も部活動もライバルに負《ま》けぬよう、死ぬほど努力していたのだろうか？どこかであきらめ、どこかで逃《に》げていたに違いない。

そんな僕が「好きなこと」を見つけられ、それを続けられていること、プロの歌手として活動ができて、こんなにもたくさんの人たちに必要《ひつよう》とされていることに、僕はとにかく幸せを感じていた。しかし、学校ライブのスケジュールが集中し、連日《れんじつ》の移動《いどう》や本番で心身《しんしん》共に疲労困憊《ひろうこんぱい》することも何度もあった。そんなときこそ学生時代の僕が大人の僕に問《と》う。

「歌を取ったら、おまえに何が残るんだ？」と。

大好きなものをがんばれずに、いったい他に何をがんばれるんだろう。ときどき、そうやって考えてみたけれど、結局《けっきょく》いつも答えは見つからなかった。

自分に音楽《おんがく》の才能があるかなんてわからない。プロではなくても、楽器《がっき》を演奏したり歌が上手《じょうず》な人はたくさんいる。僕は歌やギターがうまいなんて自分で一度も思ったことがないけれど、「音楽しかない」と思える気持ちは人一倍《ひといちばい》強かったような気がする。それも一つの才能なのかなと思っている。

どんな壁《かべ》だって乗り越えられる

僕にとっては数ある学校の一つでも、各学校にとっては1年に1回の大イベントだ。なかには僕を呼《よ》びたいと思ってから、何年もかかってご依頼をくださる先生もいる。長い間、どれだけこの日を心待《ま》ちにしてくれていたかと思うと、間違っても手を抜《ぬ》くことなんてできないのだ。

人間誰でも弱くなるときがある。365日毎日元気なんて人はいない。生きていれば、そりゃあ、へこむときもあるし、悲しい思いをしたりして心が重《おも》たい日もある。「人間は機械《きかい》じゃないんだから」とか言うけど、機械だって不具合《ふぐあい》を起《お》こす。

僕だって、数えきれないくらいあった。弱い自分にいっぱい出会《であ》った。日々多くの学校ライブをやっていれば、そんな弱っている時期に本番がバッティングすることだってある。

正直、そんなときは本当にしんどい。子どもたちの前で暗《くら》い顔はできないからね。けれども不思議なもので、人には「スイッチ」というものがあるらしい。

何かのきっかけでオンとオフを切《き》り替《か》えられる力がきっと誰にでもある。僕は体育館《たいいくかん》の扉《とびら》がそうだ。

ライブのスタートは、毎回体育館のいちばん後《うし》ろの扉から登場《とうじょう》する。司会《しかい》の先生や生徒会の子の合図《あいず》によって扉が開《ひら》かれ、ステージに続くど真《ま》ん中《なか》の通路《つうろ》を僕は歩《ある》いていく。12年間、この演出《えんしゅつ》だけはずっと変わらない。

わずか十数秒。後ろをふり返る純粋《じゅんすい》でくもりのない眼差《まなざ》しや、若さ弾《はじ》ける笑顔たちの間を通《とお》りぬけ、ステージに上がる頃には、さっきまでの疲れや弱った心は、すべてどこかに吹《ふ》き飛《と》んでしまう。「完璧」なんて言葉など程遠《ほどとお》い男は、この瞬間から、ほんの少しの間だけヒーローに変身《へんしん》する。

守るべきものがあること、果たさなければならない約束《やくそく》や責任《せきにん》があること、ゆずれない夢や目標があること、そして、がんばることの「理由《りゆう》」が明確《めいかく》であれば、きっとどんな壁だって乗《の》り越《こ》えることができる。そう、それが信念《しんねん》ってやつだ。

体力《たいりょく》なんか決してあるほうじゃない僕が、体調もくずさず、予定《よてい》されていたすべての学校ライブを一つも休むことなくやり遂《と》げることができたのは、まぎれもなくそんな信念があったからだと思うのだ。

　世間では12月31日で一年が終わりだが、僕の一年の終わりは年が明けて3月までだ。学校ライブは3学期まで予定が埋まっていて、それが終わると一段落する。

　3月最後の学校ライブの日は、〝今年度の終了〟ということになるので、僕にとっては一年間の一つのゴールである。


　まだ寒さの残る体育館に、久しぶりに春の風が通りぬける。この時期になると、子どもたちの成長ぶりにいつも驚かされる。6年生は来月にはもう中学生だからね。一年間でもっともアンコールの響きがあたたかい「特別な日」。

　少し休んでから、また歩きだそう。

　体育館が暖かくなった頃、僕はまたどこかの町へ行き、子どもたちの前で歌っているだろう。

どうすれば、この状況を変えられるか

小中学校が「義務教育」であるならば、学校ライブも生徒たちにとっては、ある意味で「義務ライブ」である。

本来《ほんらい》ライブやコンサートとは、自分の好きな歌手やアーティストの歌を聴くため、自らチケットを買っていくものだ。

友人から誘《さそ》われていくということもあるかもしれないけど、好きでもなかったり、興味《きょうみ》のないものをすすんで観に行く人なんて、基本的《きほんてき》にはいないんじゃないかな。

路上ライブだって、ふと耳に入って立《た》ち止《ど》まり、感動すればそこに居続《いつづ》けるだろうし、「好きじゃない」と思えば、また立《た》ち去《さ》ってしまうものだ。

しかし学校ライブは違う。生徒たちは、「行事の一環」として学校が決めたライブを、義務的に聴かなければならない。

路上ライブだったら立ち去ることができるが、学校ライブはイヤでも最後までその場に居続けなければならない。

相手を責《せ》めても解決できない

音楽とは、自分が聴きたいタイミングで聴くものである。

自分の心が音楽を必要とするときに再生するものだ。喉《のど》が渇《かわ》いたときに飲《の》み物《もの》を欲しがるのと同じように。

何百人もいれば、歌を聴きたくない心の状態の子だっているだろうし、家庭のことや進《しん》路《ろ》の悩みなどで頭がいっぱいで、それどころじゃない子だっていると思う。

それでもその場にいてくれて、そんなかけがえのない大切な時間を僕に託《たく》してくれていることに、申《もう》し訳《わけ》ない気持ちと感謝の気持ちでいっぱいになる。

中学校となると、そりゃあときどき態度《たいど》の悪い生徒《せいと》もいる。あからさまに「こんなの聴いてらんねえ」とばかりにふんぞり返っているような子もいるし、早《はや》くも1曲目《きょくめ》から眠る態勢《たいせい》に入っている子もいる。

だからと言って、彼らを責めたり腹を立てたりしても何も始まらない。

「彼らに知られていない」という無名《むめい》な自分を受け入れて、ここからはすべて自分の実力《じつりょく》次第であると、自分に強く言い聞かせる。

「僕の歌が届くわけない」

そう初《はじ》めから否定《ひてい》したり、疑《うたが》っていたら、間違《まちが》いなく誰にも何も届かない。

大切なことは、自分自身《じしん》が自分を信じてあげること。

今日までがんばってきた自分。

あきらめなかった自分。

さまざまな夢をかなえてきた自分。

そのすべての自分を知っているのは、他《ほか》の誰でもない、自分自身なのだから。

そうして初めて、人を信じられるようになるのだと、僕は思う。

どんなに聴く態度が悪くたって、無関心《むかんしん》を装《よそお》っていたって、僕はそんな生徒ほど最後まで信じるようにしている。

だって、こっちは本気《ほんき》でやっているんだもの。本気でがんばっている人間をバカにするほど、若き彼らの純粋な心はねじ曲《ま》がっちゃいない。

思春期《ししゅんき》まっ只中《ただなか》の彼らにとって、僕の言っていることはとても照《て》れくさいだろうし、まじめに聴くことや、素直《すなお》に感動する姿を仲間《なかま》たちに見られることは、きっと、とても恥《は》ずかしいことだと思う。

自分を信じろ、相手を信じろ

富山《とやま》県の中学校でライブをやったとき、こんなことがあった。

かなり落《お》ち着《つ》きのない学校で、生徒たちはライブが始まる前から先生方から怒鳴《どな》り散《ち》らされていた。ようやく聴く態勢が整《ととの》ったのか（整ってはいなかったが）、司会の女性《じょせい》の先生が開会《かいかい》の言葉を述《の》べはじめる。

「これから大野靖之さんのライブが始まります。まさか、いま携帯電話《けいたいでんわ》なんか持ってきている人はいないと思うけど、メールをやったり音《おと》を鳴らしたりしたら絶対《ぜったい》にダメですからね。ま・さ・か、持ってきている人はいないと思うけど。それでは大野靖之さん、よろしくお願いします！」

そんな呼びかけのあと、僕は登場した。

しかし、先生があれほど言ったにもかかわらず、僕は目を疑った。

なんと、最前列《さいぜんれつ》に座《すわ》っていた男子《だんし》生徒5人組《ぐみ》が、こっちに携帯を向けて写真を撮《と》っているではないか（笑）。しかも5人そろって。

そのあともひきつづきライブ中に携帯をいじりまくるわ、ふんぞり返っているわ、隣《とな》り同士《どうし》でふざけているわで、本当に態度が悪くてどうしようもなかった。さすがの僕もイラッときたけど、そんなときこそ自分に言い聞かせる。

「自分を信じろ。彼らを信じろ」

だから僕は、こんなときであっても絶対に注意《ちゅうい》をしない。

うまく説明《せつめい》できないのだけれど、注意をしてやめさせた瞬間、僕は歌手ではなくなってしまうような気がした。

注意するのは簡単《かんたん》。しかし、歌手なら歌手のやり方で心をつかむべきだ。

僕の信じる気持ちや本気が伝わったのか、少しずつ少しずつ、この5人の心は変化していった。携帯をいじるのも、やめた。明《あき》らかに表情《ひょうじょう》もやわらかくなり、僕の話や歌を真剣に聴きはじめたのだ。そして嬉しい出来事が起きた。

ライブが終《お》わった瞬間、なんとこの5人からアンコールが起きたのだ。

もう本当に感無量《かんむりょう》だった。これだから、学校ライブはやめられない。

大切なものほど目には見えない

アンコールを終え、控《ひか》え室《しつ》で着《き》がえたり帰りの準備をしたりしていると、そこにさっきの5人組と先生1名が訪《たず》ねてきた。

「やっくん、お疲《つか》れ〜」

「あのさ〜、サインもらいに来たんだけど〜」

「うん、もちろんいいよ」

出てきたのは、ノートをちぎった紙や、筆箱《ふでばこ》。さらには上履《うわば》きにサインを求める彼ら。

「俺《おれ》は上履きの中に書いて～」

「いいよ……」

って、それサイン踏《ふ》むだろ（笑）。

思い思いの場所にサインを書いてあげたら、5人はとても喜んでいた。さっきまでの態度とは別人のようになって、無邪気にはしゃぐ彼らの笑顔を見ていると、この活動はやめちゃいけないなって心から思った。

そして喜《よろこ》んでいる彼らに向かって先生が一言。

「サインよかったね～。みんな大野さんの歌に感動したんじゃないの？」

「べつに～」と言って、みんな部屋を出て行ってしまった（笑）。

僕のライブで何を感じたのか、どんなところに心を動《うご》かされたのか、結局彼らの思いや言葉は、そのときに聞くことはできなかったけど、僕はそれでいいと思っている。

見えるものがすべてじゃない。大切なものほど目には見えないのだ。

目では判断《はんだん》できない心の奥にきっと本当の真実《しんじつ》はある。

ライブが終わったあと、先生たちが申し訳なさそうに、よくこんなことを言う。

「ノリの悪い生徒たちですいません」

僕に失礼《しつれい》だったと思って、そんなことをおっしゃるんだろうけど、僕には彼らの「心のノリ」がちゃんと伝わっている。気持ちや感情をうまく表現《ひょうげん》できなくても、心のどこかでは明らかに何かが動いているのを、僕は、たしかに感じている。

意味《いみ》のない出会いなんてない

学校ライブは、たとえ「義務ライブ」であったとしても、それに感動する個々《ここ》の心は義務じゃない。心はいつだって自由《じゆう》であるべきだ。誰にも支配《しはい》できない。

しかし、かたちは少し強引《ごういん》であるにせよ、突然《とつぜん》目の前に歌手が現《あらわ》れることも、彼らにとっての「出会い」であることには変わりはない。

人生に意味のない出会いなんて一つとしてないはずだ。

わかり合える人や、自分にやさしくしてくれる人だけをつい「いい出会い」としてしまうけれど、自分を傷《きず》つける人や、どうしても好きになれない苦手な人との出会いだって、その人と関《かか》わることでさまざまな自分に気づかせてくれたり、人間《にんげん》として成長《せいちょう》させてくれたと思えば、それも大切な出会いではないだろうか。

僕が伝えられる言葉

中学生のときに出会える大人の数は、きっとたかが知れている。身近《みぢか》な大人は親と学校の先生だけって子も多いだろう。

同級生《どうきゅうせい》や先輩《せんぱい》など、仲間たちと過ごす時間はかけがえのないものだけど、子どもたちに明るい未来を想像させたり、将来《しょうらい》に多大《ただい》な影響《えいきょう》をおよぼすのは、やはり大人たちとの出会いであり、大人たちの言葉であると僕は思う。

よき「師《し》」にめぐり合えた子は、とても恵《めぐ》まれているし、親から言われた言葉は、その子の人生を決定《けってい》づけてしまうほどの威力《いりょく》を持っている。

僕は彼らの先生でも親でもないけれど、それ故にインパクトが強い「大人との出会い」であると自覚《じかく》し、ステージに立ってきた。

たとえ歌を好きになってもらえなくても、「こんな生き方をしている大人がいるんだ」とか、「大人になるって面白そうだな」とか思ってくれるだけで、きっとこの出会いは素晴らしいものになると信じている。

先生や親など、身近な大人たちが伝える力がないから、もしくは伝えられる言葉を知らないから僕に託されたのだろうか。いや、そうじゃない。

たとえば「命を大切にしてほしい」という思いや、「夢を持ってほしい」という願いが大人たちにあって、僕が学校から呼ばれたとして、僕はその思いに応《こた》えるべく、同じように「命を大切にしてほしい」「夢を持ってほしい」と、子どもたちに話すだろう。

同じ言葉であっても、「言う人が違う」というだけで聴く者の姿勢が変わったりする。先生や親ではない大人が口にする言葉だからこそ、受け入れようとしてくれるならば、それは大《おお》いに利用するべきだと思うのだ。

サッカー日本代表の選手《せんしゅ》やオリンピック選手に、「夢はあきらめちゃダメだ」って言われたら、きっと子どもたちは、ものすごい背中を押されるに違いないのだ。

誰もが親になれるけれど、誰もが教育のプロじゃない。だってみんな「教育」という分《ぶん》野《や》を勉強してきたわけじゃないのだから。

それならば、それを得意《とくい》としていたり、子どもにいい影響を与えてくれるであろう人にまかせることだって、時には必要である。

誰にも「意外《いがい》な一面」がある

学校ライブを始めたばかりの頃は、各学校の雰囲気《ふんいき》や個性をあらかじめ知《し》るため、本番前に先生方によくこんな質問《しつもん》をしていた。

「どんな生徒さんたちですか?」と。

そりゃあ日々生徒たちと向き合っている先生方だから、「ノリのいい生徒たちですよ」とか、「うちは3年生が元気ですね」とか、「とてもおとなしい生徒たちです」といろいろと詳《くわ》しく教えてくれる。

しかし、これがまあ見事に当たらないのだ(笑)。

要《よう》するに先生方が教えてくれた通りの生徒たちであったためしがないということ。

先生方が嘘《うそ》を言っているとか、そういう意味じゃない。普段の学校生活で見せる顔と、僕の前で見せる顔では、たぶん別の顔を見せるのだと思う。

「とてもおとなしい」と聞かされていて、いざライブが始まるととんでもなく盛《も》りあがったり、その逆で「元気な子たちですから」と聞いていたのに、最初から最後まで行儀《ぎょうぎ》がよかったり。

意外な生徒たちの一面に、「あんなに集中した生徒たちを見たのは初めてです」と先生方におどろかれることも多い。

先生に見せる顔、友達に見せる顔、親に見せる顔、そして僕に見せる顔、それぞれ違うのは当たり前のことなのだ。特に「ライブ」という、いつもと違う非日常空間《ひにちじょうくうかん》であれば、見たことがない生徒たちの一面が引き出されることは、きっと不思議《ふしぎ》なことじゃない。

だからそれを知ってからは、あえてリサーチしないようにしている。ステージに立って初めて感じればいい。余計な情報は、時に真実の邪魔《じゃま》をする。

僕らの心はたくさんの出会いで形成《けいせい》されていく。

親から受け継《つ》いだ血《ち》や、親ゆずりの性格《せいかく》は土台《どだい》としてあるにせよ、そののちのさまざまな出会いによって、まるでパズルのように心は組み立てられていく。

同じ親に生まれ、同じ環境で育ったはずなのに、兄弟がまったく違う個性を身につけはじめたり、似《に》ても似つかない人生を歩んでいくのは、それぞれの出会いが異《こと》なるからだと思う。

そういえば大事なことを言い忘れていたが、僕の双子の兄も「ＨＩＴＴ」という名でアーティストとして活躍している。同じく自身で曲を書いて歌うが、ジャンルも音楽性も歌唱法も僕とは全然違う。その独特な世界観が日本国外で受け、ヨーロッパを中心とした海外ツアーは、いまではもう数え切れない。


「よき出会い」

学校ライブが担《にな》っているものと、先生方が僕を呼ぼうとする根本的《こんぽんてき》な目的は、まさにこれであるといっても過言ではない。

僕との出会いは、子どもたちの心のパズルの１ピースになる。きっとそれだけは間違いない。

失敗することで乗り越える強さが育つ

最近は子どもたちのケガを未然《みぜん》にふせぐために、学校でいろいろな工夫《くふう》がされているらしい。

ぶつかっても痛《いた》くないように跳《と》び箱《ばこ》が木製《もくせい》じゃないものになったり、ドッジボールの球《たま》が当たっても痛くないようにやわらかいものを使うようになったり。学校に限らず、危険《きけん》だからとブランコやシーソーなどの遊具《ゆうぐ》が公園《こうえん》から消えつつあるのだという。

気持ちはわからなくもないが、ケガをさせないってそんなに大切なことだろうか。僕はそうは思わない。

「痛い」という思いをするから、危険なことをしなくなるのだ。

ケガをするから、同じ失敗をくり返さないようになるのだ。

小さなケガもいっさいしないで大人になった子どもは、きっと、いずれ大きなケガをしてしまう。

自分で生きていく力

「赤信号《あかしんごう》でわたってはいけない」とか、「薬物《やくぶつ》をやってはいけない」とか、そういうことはしつこいくらい言うべきだけど、「遊具は危ないから遊ぶな」とか、ケガをする可能性《かのうせい》のあるものを取り上げてしまったら、それは生きる力やさまざまな壁を乗り越える強さを奪《うば》うことになるような気がする。

ある中学校で校長先生が、こんな話をされていた。

「うちの若い教員たちはとても一生懸命なんですが、生徒たちが失敗しないように、なんでもかんでも指導してしまうんです。失敗《しっぱい》する前に防《ふせ》いでしまうから、生徒たちは失敗から学《まな》ぶことができないのです」

失敗をするのは怖《こわ》い経験だし、できれば失敗なんかより何《なに》も問題《もんだい》が起きずに成功《せいこう》したほうがいいのは当然だ。

でも問題が発生《はっせい》しても、それをみんなで乗り越えればいいのだ。初めから成功した経験より、問題を解決《かいけつ》した経験のほうがよっぽど将来に役に立つ。

「子ども社会」も大変だが、「大人社会」は比《くら》べものにならないくらい厳しい。甘《あま》えなんか通用しないし、仕事によっては失敗が許《ゆる》されない世界もあるだろう。何より、自分の力で生きていかなければならない。

そんな社会を生きていくために、つねに立ちはだかる人生の壁を乗り越えていくために、ケガをすることを恐《おそ》れないでほしい。

大人時代を生き抜く準備《じゅんび》をしよう

人生の大半は「大人時代」だ。

子どもと呼ばれる「少年時代」「少女時代」は、人生のほんのわずかな時間なのだ。

だから、重要《じゅうよう》なことは子どもの時代に輝くことではない。

楽しい時間や安全《あんぜん》な環境だけを与《あた》えたり、なんでもかんでも手を差《さ》しのべてあげることではない。

いちばん大切なことは、大人になったときに輝く人生を送るために、子どもの時代を生きるということである。

変《へん》な言い方かもしれないけど、子どもの時代は大人の時代への準備にしかすぎない。だって人生100年として、9割が大人でいる時間だよ。それはそれは途方《とほう》もなく長い時間だ。その長い時間をいつまでも親や先生が見守《みまも》ってくれたり、いつも助《たす》けてくれるのだろうか。そんなわけない。

親はいつか絶対に死ぬ。学校を卒業《そつぎょう》したら、先生ともお別《わか》れだ。

大人になったとき、たった一人でも強く生きる力を養《やしな》っておかなければいけない。

大人が、なんでもかんでも手を差しのべることは、子どもの「考える力」を奪う。

やさしさを、はき違えてはいけない。いつも助けること、助けられることがベストな関係とは限らないのだ。

第2章

夢をスタートさせる

オリジナルな人生を生きるということ

さかなクンをご存《ぞん》じだろうか？

タレントであり、イラストレーター。トレードマークである魚《さかな》の帽子《ぼうし》をかぶり、ユニークなキャラクターで、一度見たら忘れられない存在《そんざい》である。

名前の通り、魚をこよなく愛する人で、魚類《ぎょるい》のことなら何でも知っている、その道の専《せん》門家《もんか》であり、東京海洋大学名誉博士《とうきょうかいようだいがくめいよはかせ》に就任《しゅうにん》された、ものすごい人だ。

みんなと同じ勉強をしないといけない？

僕は、このさかなクンの子どもの頃の話が好きで、みんなに知ってほしいので少し紹介したい。

さかのぼること、それはさかなクンが小学2年生のとき。クラスメイトが描《か》いたタコの絵を見て、「こんな生《い》き物《もの》がいるんだ！　実物《じつぶつ》を見てみたい！」と思った。

その放課後《ほうかご》に図書室《としょしつ》へ行き、図鑑《ずかん》でタコを調《しら》べたという。タコという名前はそこで知り、魚屋にいるということがわかり、その足《あし》で魚屋に行ったというから、おどろきだ。行動力《こうどうりょく》がすごい。

そして、さかなクンは、こんどは生きているタコを見たいと思い、お母さんにお願いすると、すぐに水族館《すいぞくかん》へ連れていってくれたという。

そこで生きているタコに感動し、他の魚にも興味を持ちはじめ、どっぷりと魚の世界《せかい》へはまっていく。

ここからは、お母さんの話が素敵《すてき》だ。

さかなクンは、それからというもの、魚の観察《かんさつ》や魚の絵を描《か》くことに夢中《むちゅう》になりすぎて、学校の成績が悪くなっていった。

担任の先生が心配して、家庭訪問《かていほうもん》で「もっと勉強させてください」と言ったら、

「みんなが同じように勉強しても仕方《しかた》ない。うちの子はお魚と絵に夢中だから、それでいいんです」

と返事をして、お母さんは息子の好きなものを尊重《そんちょう》し、自由にやらせてあげたそうだ。

この話には本当に感動した。なかなかできることじゃない。

おそらく、このお母さんは、たとえ夢中になったものが魚や絵でなくても、どんなものでも自由にやらせてあげたに違いない。

やがて、この少年は好きなことを、とことん貫《つらぬ》き、「さかなクン」と呼ばれ、超《ちょう》有名人になり、大学の名誉博士にまでなってしまうんだから、幼い頃に夢中になったものが、どれほど未来に影響をおよぼし、すさまじい可能性を秘《ひ》めているのかと思うと、ある意味で恐ろしいものがある。

さかなクンの素晴らしさは、「唯一無二《ゆいいつむに》」だということ。

「さかなクン」という新しいジャンルを自らつくり、「さかなクン」というオリジナルな職《しょく》業《ぎょう》を生《う》み出《だ》したのだ。

少し極端な話かもしれないが、好きなことを追究《ついきゅう》すれば、どんなものでも、このように、いつか必ず仕事に結《むす》びついていくのだと、僕は確信《かくしん》している。

夢は「なんでもあり」が基本

子どもたちに夢を聞くと、必ずと言っていいほどの確率《かくりつ》で「職業」を答える子が多い。お医者《いしゃ》さん、看護師、警察官《けいさつかん》、消防士《しょうぼうし》、野球選手《やきゅうせんしゅ》、お花屋《はなや》さん、車掌《しゃしょう》さんなどなど。これは決して間違いではないし、幼い頃から将来自分が就《つ》く仕事を考えられることはとても立派《りっぱ》なことだと思う。

しかし夢って、果たして、それだけだろうか。

夢を持つことって、もっとロマンティックで壮大《そうだい》で、「なんでもあり」な世界なんじゃないかな。せっかく子どもなんだから、大人たちがビックリ仰天《ぎょうてん》するような意味不明《ふめい》で、ありえないほどの自由な想像力で夢を膨《ふく》らませてほしい。

宇宙《うちゅう》飛行士《ひこうし》は、「宇宙に行きたい」とか「地球がどんな姿なのか見てみたい」とか、そんなロマンや願望《がんぼう》から生まれた職業だと思うし、医者は、「病《やまい》で苦《くる》しむ人々を救いたい」という気持ちから生まれた職業に違いない。

飛行機《ひこうき》や新幹線《しんかんせん》といった乗り物も、きっとそう。

いま世《よ》の中に存在するありとあらゆる仕事は、すべてその昔《むかし》、誰かの熱《あつ》い思いや情熱、そして誰かの夢から始まったものだ。

要するに、「職業」というすでに完成《かんせい》された夢で、夢の可能性をせばめないでほしいというのが僕の願いである。

ましてや、ちゃんと勉強して、いい成績を取らなければ、いい大学に入れない。いい大学に入れなければ、いい会社に就職できないなんて、幼い頃に押しつけるのは、もってのほかだと僕は言いたい。

そんなんじゃ、夢なんか持てやしないじゃないか。

「好き」のパワーを味方《みかた》につけよう

夢中になれるものや大好きなことがあったら、気がすむまでやってみればいい。

「〜したい」という感情を殺《ころ》すような真似だけは、絶対にしてはいけない。

「〜したい」

それこそが、夢の始まりであり、将来の仕事につながっていくプロセスなのだ。

たとえば、ある子どもはハリウッド映画《えいが》が好きだとしよう。もうそれだけで、きっと数えきれないくらいの夢に出会える。

当然のごとく俳優《はいゆう》や映画監督《えいがかんとく》になりたいという夢を持つかもしれないし、美術《びじゅつ》や特殊《とくしゅ》メイク、音楽やファッションに興味を持つかもしれない。もしかしたら、外国人《がいこくじん》と結婚《けっこん》したいと思うようになるかもしれないし、海外旅行《かいがいりょこう》に興味を持って、将来、旅行会社に勤《つと》めるようになるかもしれない。

小中学校のときの同級生であり、僕のいちばんの親友も、子どもの頃からハリウッド映画が大好きだった。彼から教えてもらったり、オススメされた映画は数《かぞ》えきれない。

そんな幼い頃の彼にとって、もっとも好奇心《こうきしん》をそそられ、夢中にさせられたもの、それが英語《えいご》だ。彼は本当に英語が得意だった。

「好《す》きこそ物の上手なれ」ということわざがあるが、まさにそんな言葉がぴったりな男であった。中間《ちゅうかん》テストや期末《きまつ》テストでは、数学《すうがく》や社会《しゃかい》、国語《こくご》などの教科《きょうか》は残念《ざんねん》な結果《けっか》になっても、英語だけはいつも百点満点《ひゃくてんまんてん》だった。

中学の英語って、3年生くらいになるとレベルが一気《いっき》に上《あ》がるので、僕はついていけないくらい、もういっぱいいっぱいだったから、毎回高得点《まいかいこうとくてん》を取っていた彼にいつもおどろいていたし、とても羨《うらや》ましかった。

彼は高校卒業後、カナダに留学《りゅうがく》し、英語ペラッペラになって帰ってきて、いまは映像制《えいぞうせい》作《さく》関係の仕事《しごと》をしている。

「好き」ってすごい。

とんでもないパワーを引き出してしまう。

自分の「やりたい」を見逃《みのが》さない

夢をかなえるためには、環境が大切だ。

親の理解《りかい》があったり、先生から応援してもらえたりした子どもは、とても恵まれている。

「これをやりたい」「こんな夢がある」という子どものために、すぐに行動してくれたり、その夢の手助《てだす》けをしてくれる大人がまわりにたくさんいたら、もうその時点《じてん》で、夢に1歩も2歩も近づいていることになる。


僕の母も、そんな人だった。

僕が物心ついた頃から、母は口癖のように、いつも、こんなことを言っていた。

「やっちゃんの夢は何?」

「やりたいことがあったらママに言うのよ」

幼い僕に、うるさいくらい言い聞かせていた。

だから考えざるを得なかった。

「自分の夢って何だろう」

「やりたいことって何だろう」

気がつけば毎日のように考えていた。

情熱は才能を超える

幼稚園のとき、ジャニーズの人気アイドルグループの光《ひかる》GENJI《ゲンジ》が大好きで、歌番組に彼らが出演《しゅつえん》するたび、テレビに釘付《くぎづ》けになっていた。

ローラースケートに乗りながら踊《おど》って歌う姿に憧れては、いつも双子の兄と一緒に真似をしていた。

当時、そんな僕が、どうしてもやりたいことが一つあった。

それはバック転《てん》。自分でやってもみてもうまくできなくて、それで母に相談《そうだん》した。

「バック転ができるようになるところに連れていってほしい」

連れていかれたのが、クラシックバレエ教室である（笑）。

「バレエをやればバック転ができるようになるわよ」

何を勘《かん》違いしたのか、母はそう言っていた。

数年間信じて習《なら》いつづけたが、一向《いっこう》にバック転の練習を始めやしない。当たり前である。

のちにバック転は体操であることを知った。完全にだまされた。

バック転ができないことではなく、年頃《としごろ》になってタイツをはくことが恥ずかしくなってしまい、バレエはやめてしまった。

けれど、僕が「やりたい」と言ったことを、すぐに実現《じつげん》しようとしてくれた母の行動力はすごい。体操《たいそう》教室に行かせなかったというミスはあるにしても（笑）。

だまされたと言えば、高校受験のときもそうだった。

勉強嫌いな僕は、「高校なんか行かない」と言っては、いつも母を怒《おこ》らせていた。

大嫌いな勉強を、なんでまた高校に行ってまでやらなければならないのか、疑問《ぎもん》に思って仕方なかった。せっかく中学卒業までこぎつけたのだから、もう勉強なんかやらなくていいじゃないか。

ある日、そんなことで母と大喧嘩になった。

「高校に行かないって、じゃあ中学を卒業したら何をするの！」

「俺はね、音楽がいちばん好きなの。だから中学を卒業したら、歌を歌って生きていくよ。歌手を目指《めざ》すんだ」

母は言い返してこなかった。

これは高校に行かせるチャンスだと、思ったのかもしれない。インターネットなどない時代に、人に聞いたり調べに調べたりして、1週間後にあるものを持って、僕のところへ興奮《こうふん》して飛んできた。それは高校の資料だった。

「ここに行きなさい。ここね、音楽科《おんがくか》っていう高校なの。音楽だけやればよくて、嫌いな勉強は何にもないんだって！」

「まじで？」

なんて魅力的《みりょくてき》な高校だと思い、僕はこの高校を受験《じゅけん》することを決意《けつい》する。

調べるとピアノの試験があるということで、ピアノを習いはじめた。声楽専攻《せいがくせんこう》で受けるので、歌のレッスンにも通ったりした。

初めは楽譜《がくふ》もろくに読めない状況で、何もかも四苦八苦《しくはっく》したが、大好きな音楽を高校で学べるという嬉しさを情熱に換《か》え、受験《じゅけん》の日まで必死《ひっし》に準備をした。

そして、なんと奇跡的に合格《ごうかく》した。

嬉しくてクラスメイトたちの前で涙を流《なが》した。

苦手なものだらけでも、大好きなものや夢があれば高校にも行ける。歌が自分を救ってくれたような、そんな気がした中学3年の春《はる》であった。

母はいつだって、僕の夢の応援隊長だった。

僕の「やりたい」を絶対に見逃したりしない。

才能があるのかどうかなんて、きっと親にもわからないと思う。

でも、子どもがやりたいと思ったり、興味を持ったことは、まぎれもなく、そこに情熱があるということ。

情熱は、才能を超えると僕は思う。

そこに親の情熱が加《くわ》われば、もう無敵《むてき》である。

めでたく音楽科の高校に入学。

何が「音楽だけ」だ。普通に数学も英語も全部《ぜんぶ》あるじゃないか。

また、だまされた。時に母の情熱は、真実を超えるのである（笑）。

無駄《むだ》なものは一つもない

音楽科では、当然のことながら「クラシック」を勉強しなければならなかった。

声楽に興味を持たせるために、母はオペラのCDを何枚も買ってきては、僕に聴かせたり、音楽大学を目指すからと、家に防音室《ぼうおんしつ》までつくってくれたりしたけど、その努力もむなしく、僕はクラシックの世界に進むことをやめた。

母はその頃、すでに乳がんで過酷な闘病生活を送っていた。入院中にもかかわらず、進路のことで、どれだけ病室で怒鳴り散らされたかわからない。

僕もとんでもなく頑固《がんこ》だったもんだから、母の願いをいっさい聞き入れず、「シンガーソングライターになる。だから音大《おんだい》にも行かない」と押《お》しきったのであった。

母が亡《な》くなる1ヶ月前くらいだろうか。進路のことになると、ヒステリックのようになる母だったが、この日はいつもと違っていた。

その頃、母のためにつくった歌が2曲くらいあったんだけど、その曲の歌詞《かし》を手帳《てちょう》に書《か》いてほしいと僕に頼んだ。

「いいよ」と言って、へたな字で一気に書きあげたら、母はそれを見ながら、こう言った。

「やっちゃんは、この道で進みたいの？」

「うん、俺は絶対にシンガーソングライターになるよ」

すると、母はいままで見たことないくらいのやさしい顔で、こう答えた。

「そう。わかったよ。やっちゃんの好きなように生きなさい。がんばるんだよ」

僕の手を強く握り、すやすやと眠ってしまった母の寝顔《ねがお》を見ながら、僕は心の中で「ありがとう」とつぶやいた。

結局、バレエも声楽もやめてしまったけれど、その経験は、いまの僕の力になっている。ステージに立って表現する楽しさを、バレエが教えてくれた。音楽業界の人たちもビックリするほどの声量《せいりょう》や、連日《れんじつ》歌いつづけてもつぶれることのないタフな喉は、高校時代に学んだ声楽で培《つちか》った。

無駄なものなんて何ひとつない。特に子どもの頃にできた経験は、人生の財産《ざいさん》となり得《う》る。

子どもの「やりたい」が、やがて「やりたくない」に変わっても、その経験はいつか必ず、その子の人生の役に立つ。僕の「やりたい」をいつも全力《ぜんりょく》で応援してくれた母を、僕はきっと忘れない。

試練なんて、いくらでも乗り越えられる

ある中学校でライブをしたときだ。めずらしくＣＤ販売《はんばい》の許可《きょか》をいただいていたので、ライブが終わったあと、すぐに体育館に戻《もど》って、所定《しょてい》の場所でＣＤ販売とサイン会を行っ

た。

するとじ順番《じゅんばん》がまわってきたあるお母さんが、真剣な顔で僕にある相談をしてきた。

「今日の大野さんの歌やお母様《かあさま》の話を聞いて、なんだか後悔しちゃって……」

どうしたのかと事情を聞くと、話はこうだ。

「長男《ちょうなん》が高校生なのですが、この子も音楽をやっているんです。楽器はドラムなんですが、プロになりたいと言ってがんばっていて。でも私、この世界は絶対に厳しいからあなたはプロにはなれない。やめなさいと言ってしまったんです」

先日も、その長男と大喧嘩をしたばかりで、僕のライブを見て、「息子の夢を応援してあげればよかった」と、そのお母さんは落ち込んだのだという。

たしかに親が応援してくれるに越《こ》したことはない。でも僕は、そのとき感じたことを素《す》直《なお》に伝えてみた。

「夢をかなえるって、簡単なことじゃないと思うんです。お母様のおっしゃる通り、プロの世界は絶対に厳しいいし、この先、たくさんの壁を乗り越えていかなきゃいけない。だからきっと、彼にとっては、まず最初に『親に反対《はんたい》される』という壁が立ちはだかっただけなんじゃないでしょうか。それでやめてしまうなら、それだけの思いだったってことです」

その息子さんが本気だったら、誰に反対されようが、ドラムは絶対にやめない。親が理解しないのなら、親に隠《かく》れてでも続《つづ》けるだろう。

やりたければやる。ただそれだけのこと。

僕はそう思った。

でも、最後に一言だけ、つけ加えた。

「お母さんに応援されたら、やっぱり嬉しいとは思いますけどね」

彼は、どうなったかな。こんな小さな試練《しれん》、サクッと乗り越えていてほしいな。

誰のものでもない自分の人生を生きる

「いじめ問題」は、相変《あいか》わらずこの世からなくならない。

いじめが原因《げんいん》で、中学生など若い子が自殺《じさつ》してしまう報道《ほうどう》を見るたび、なんとも言えない、とてつもない悲しい気持ちで、胸が苦しくなる。

どうか、どうか死なないでほしい。

人生はまだ始まったばかりじゃないか。

子どもたちが生きている世界は狭《せま》い。生きている環境はもちろん、心も頭も未熟そのものだから、その世界をすべてだと思ってしまう気持ちは決してわからなくもない。なので、いじめに悩む子どもたちに、こんなことを言っても届かないかもしれないけど、僕は声を大にして言いたい。

「君の大切な人生を邪魔したり、君の素敵な未来を奪う権利なんて誰にもない」

さっきも言ったが、人生はまだ始まったばかり。

いじめてくる者たちの心ない言葉や暴力《ぼうりょく》、堪《た》え難《がた》い卑劣《ひれつ》な行為《こうい》によって、「いまの自分」が深《ふか》く傷つけられても、「未来の自分」の可能性まで殺さないでほしい。

未来には、素敵なことや楽しいことが、たくさん待っているかもしれない。

いまの君には、この苦しみや悲しみがすべてに感じるかもしれないけど、こんなつらいことはきっと長くは続かないと思う。その先にはきっといいことが待っているに違いない。

たぶん人生は、そうできている。

「いじめ」をどう乗り越えるか

「君はいじめられて自殺するために生まれてきたんじゃない。

君の大切な人生を、君の嫌いな人間や憎《にく》い者たちのために生きないで。

そして、そんな人間たちのために死なないで」

死んでしまいたいという人に、僕は、心からそう伝えたいと思っている。

これは決《けっ》して、子どもの世界だけの話ではない。いじめは、大人の世界でも起きていることだからね。

そもそも、大人たちが簡単に解決できないことを、子どもたちが解決できるわけがないじゃないか。いじめはかなり根《ね》が深い。だから一向《いっこう》になくならないのだ。

「いじめをなくす解決策《さく》」を考えるより、「いじめをどう乗り越えるか」をたくさん考えたほうが絶対いい。僕はそう思う。

いじめに限らず、子どもも大人も、人間関係や家族《かぞく》問題で悩み苦しんでいる人は多い。

悩みの原因は人それぞれだろうけれど、そういう人たちは、一日中そのことで憂《ゆう》うつになって、それを思い出しては、ため息ばかりついている。

その気持ちを持てあまして、その嫌いな人間や、問題の対象である人間の悪口を言ってしまったりする。

僕も、そうだった。

いまじゃ、まわりの家族や友人たちに「超ポジティブ人間」みたいにからかわれることが多いけど、数年前までは別人のように本当によく悩む男だった。

あまり人の悪口は言わなかったけど、とても繊細《せんさい》だったし、小さなことで落ち込んだり、誰かに言われた些細《ささい》な言葉を、いちいち気にしていた。「心の強い男」とは程遠い男だったんだ。

でも、あるとき気づいた。

理不尽《りふじん》な言動《げんどう》や自分勝手な行為、ひどい嫌味《いやみ》とか、自分に向けた誰かの心ない仕打《しう》ちを気にして、ブルーな気分になって大切な自分の時間が奪われるのは、もったいないんじゃないか。

今日という日は、僕のためにあるのだ。

大切な友達や恋人と一緒に過ごしている、かけがえのない今日かもしれない。

自分を憂うつにさせた誰かのせいで、楽しい一日を奪われたのなら、もうそれは、「自分の今日」ではなく、そのイヤな「誰かの今日」になってしまう。

そんなの悔《くや》しいじゃないか。

他の人の言うことは、気にしないこと。すぐに忘《わす》れること。

それだけで、自分の人生を、誰にも邪魔されずにすむ。説教《せっきょう》なんて気にするな、と言っているのではない。自分のことを思うからこその愛のある説教をしてくれる人もいる。そういう説教は、謙虚《けんきょ》に受けとめなくてはならない。

けれども、世の中には、あるいは、誰のまわりにも、無神経《むしんけい》な人は、たしかにいる。

これは仕方ない。無神経だから、無神経なことを言うのだ。

そんな人に言われたことなんか気にすることはない。すぐ忘れよう。

心やさしい君が悩んでいる、いまその瞬間にも、無神経なあの人は、何にも悩んじゃいないのだから。そんな人に、君の人生を支配される必要なんてない。

「一人《ひとり》」は「独《ひと》り」じゃない、自分と二人《ふたり》きり

スマホが普及《ふきゅう》して、子どもたちの世界にもSNSが入り込んでいる。それが、いじめや人間関係のトラブルのもとになっていることも少なくない。

ある東京都の中学校の先生がおっしゃっていた。

「みんな一人になるのが怖いんです」

「一人」は恐怖らしい。だからみんなと同じ道を選ぼうとするし、みんながやっていることの中に自分が存在しないと不安《ふあん》で仕方ない。仲間はずれなんてまさに絶望的なことなのだろう。

でも、本当に「一人」って寂《さび》しいことかな。僕はそうは思わない。

その先生は、こんなことも言っていた。

「私は一人《ひとり》でいるとき、独《ひと》りとは思わない。なぜなら自分と二人《ふたり》きりでいられるから。そして、自分とあとどれくらい一緒にいられるだろうって考えるんです。そう考えると、自分と一緒にいる時間を大切にしようと思う」と。

とても感動した。すごく共感《きょうかん》したし、僕も同じようなことをいつも考えていた。

誰かと一緒にいることも、楽しくてかけがえのない時間。でも、この世に生まれてから、どんなときも寄りそい、共に生きてくれたのは、まぎれもなく自分なのだ。

時には自分に語りかけ、答えをくれた。時には自分を責めつづけ、それでも最後には許してくれた。時には悲しくて一人で泣《な》きつづけ、歌をつくって励《はげ》ましてくれた。

そう、いつもいつも「自分と二人」だった。

ナルシストになれというのではないけど、みんなもっと自分を好きになって、もっと自分に興味や関心を持って、もっと自分と向き合う時間を持ってもいいんじゃないかな。

「自分ってなんて面白い生き物なんだろう」と楽しめばいい。

人と会って、いろんな話を聞くことは、「学び」としてとても大切なことだ。可能な限りさまざまな分野の人と出会い、交流《こうりゅう》を持つべきだ。

でも、きっと一人でいるときこそ、人は成長するのだと僕は思っている。

少なくとも、気心《きごころ》の知れた仲間とワイワイやっているときはとても楽しいけれど、そのときなんて、たぶんこれっぽっちも成長なんかしていない。

一人でいるときに何を考え、どう生きているか。

それがとても大切。

君は一人じゃない。孤独《こどく》なんかじゃない。

君はいつも、自分と一緒にいるのだ。

夢は口にした瞬間から、かないはじめる

ライブ中、僕は必ず生徒たちに、「夢がある人！」と聞いて、手をあげてもらう。手をあげてくれるのは、小学生で約《やく》7割《わり》、中学生で約2割、高校生で1割以下といったところだろうか。この通り、年齢が上にいくほど、手をあげてくれる子が減《へ》っていく。だから夢がなくなっていく、というわけではないのだと思う。手をあげなくても、夢がある子は、きっとたくさんいるはずだ。たぶん恥ずかしいのだろう。

小学生たちは、夢を話すことを、ちっとも恥ずかしがらない。「僕を指《さ》して！」とばかりに、まっすぐ手をあげ、大きな声で、なりたいものを発表してくれる。

毎日、夢を発表《はっぴょう》しよう

「夢は口にした瞬間から、かないはじめる」

学校ライブで、ずっと子どもたちに言いつづけてきた言葉である。

いつから言い出したのか覚えていないけど、夢をかなえるためには、とても大切なことだと思い、いつのまにか僕の「決め台詞《ぜりふ》」になっていた。

夢を口にしなければならない理由は2つ。

一つは、自分一人の力では夢はかなわないから。

どんな夢も、誰かの力や誰かの応援が必要だ。なりたいものや、やりたいことを人に知ってもらって、初めて人が動いてくれる。

自分の心のうちを何も口にせず、わかってもらおうなんて絶対に無理《むり》だ。

「言わなくても、わかってくれる」

そんなロマンティックな話は信じないほうがいい。

恋愛《れんあい》だって、そうだ。

好きな人に「好きだ」って、ちゃんと伝えないと、一生《いっしょう》、相手《あいて》に気持ちは届かない。

たとえ、そのときは、ふられてしまっても、気持ちを知ってもらえたということだけで、何かがきっと動き出している。

せっかくブログやツイッターなどがあるのだから、そこで毎日夢を発表すればいい。自分の夢を知ってもらえる機会《きかい》やツールは、昔よりはるかに恵まれているはずだ。

もし、それが恥ずかしいと思うのなら、君の夢なんてそんなもんだ。

それじゃ絶対に、夢はかなわない。君がそうしている間にも、ライバルたちは夢を口にし、誰かの応援を得ているのだから。

君が何を望み、何を目指しているのかなんて、言わなきゃ誰もわからないよ。

たとえ大きな大きな夢であっても、身近にいる人にもできることは必ずあるはずだ。

僕を歌手にするために、先生はレコード会社を紹介《しょうかい》することはできないけど、全校《ぜんこう》生徒の前で歌わせてくれるチャンスをたくさんくれた。

その一つひとつの応援を得《え》ていくことで、きっと本当にかなえたい夢にたどり着くのだと、僕は思う。

「これを応援してほしい」

それを明確《めいかく》に人に言うことが、夢への第一歩だ。

自分の夢から逃げない

理由の2つめは、自分に言い聞かせるためだ。

何より自分自身が、その気にならないと、何も始まらない。

中学のとき、僕が歌手になりたいことを、クラスメイトだけではなく、全校生徒が知っていた。そして応援してくれていた。

簡単な話だ。夢を口にしていたからである。

友達も先生もみんな知っていたから、学校行事のありとあらゆる場面で、僕に歌を歌う機会を与えてくれた。先生が提案《ていあん》してくれるときもあったが、ほとんどが自分から「歌わせてください」と頼《たの》んでいだ。

じつは僕は生徒会長《かいちょう》をやっていたのだが、それも歌のため。生徒会長をやれば、行事《ぎょうじ》の中で自ら歌う機会をつくれるんじゃないかと考え、立候補《りっこうほ》した。

あまりに歌う場面が多かったから、気がつけば、もう、こんなふうに思っていた。

「俺はもう歌手だ」と(笑)。

人に夢を話すことで、覚悟や決意が生まれる。

人に話さなければ、いつだって夢の変更《へんこう》が可能になってしまい、いつだって、その夢から逃げることができてしまう。

口にしたことで、ある意味で、もう逃げることはできなくなるのだ。

第3章

次のステージに進む

いま自分にできることを知る

平成15年。21歳になった僕は、高校時代から続けていた路上ライブをやめ、ボランティアでホスピスと児童養護施設を何ヶ所かまわってライブをしていた。

数こそ多くはなかったが、そこで出会った患者《かんじゃ》さんやそのご家族、施設の子どもたちと接《せっ》していく中でさまざまなことを学ぶ反面《はんめん》、自分の人間としての未熟さを思い知らされる日々であった。

特にホスピスでのライブでは、やるたびにいつも落ち込んでいた。

ホスピスとは、別名《べつめい》「緩和《かんわ》ケア病棟《びょうとう》」。終末医療《しゅうまついりょう》と呼ばれ、末期《まっき》のがんを宣告《せんこく》された患者さんが厳しい治療を受けることをやめ、痛みを和《やわ》らげるだけの処置を受けながら最期の時間を過ごす病棟である。

母も最期の日までの数ヶ月を、ここで過ごした。

「僕の歌で患者さんの心に元気を与えられたら」と、この活動を始めたのだが、現実はそんなに甘いものではなかった。

ホスピスで歌ったときのこと

静岡県浜松市《しずおかけんはままつし》にあるホスピスで歌わせていただいたときのことだ。

母が亡くなってまだ間もなかったことと、「ホスピス」という場所だからこそ語れる真実だと思い、僕はためらいなく母の話をしはじめてしまった。

「僕の母は乳がんで7年間闘病生活を送っていました。もう治療もできなくなり、母も半年間ホスピスにいたんです。そして2年前に……」

僕は冷《ひ》やっとした。このまま話しつづければ患者さんたちの前で「亡くなった」という言葉を口にしてしまうことに、いまさらになって恐ろしくなってしまったのだ。

「言ってはいけない言葉かもしれない」

「こんな話は聞きたくないかもしれない」

ほんのわずかな一瞬の間で、頭の中をいろんな不安がかけめぐった。

21歳の僕には、どんなに考えても考えても、それを切りぬける術《すべ》や誰をも傷つけることのない話の着地点《ちゃくちてん》を見つけることなどできるわけがない。

もう戻ることはできず、僕は小さな小さな頼《たよ》りない声で言った。

「2年前に母はホスピスで亡くなりました……」

そのあとは、もう必死だったので、あまりよく覚えていない。

そのまま、用意《ようい》していた『天使《てんし》の舞《ま》い降《お》りた朝《あさ》』という、亡くなった母に向けた歌を歌ったが、歌っている最中、怖くて患者さんたちの顔を見ることができなかった。

ライブが終わったあと、部屋の出口で患者さん一人ひとりを見送っていると、深く落ち込んでいたそんな僕に対して、「歌よかったですよ」とか、「心が癒《い》やされました」とか、「素敵な歌をありがとうございました」と、あたたかい言葉をかけてくれる人たちがいた。

涙が止《と》まらなかった。歌で元気をあげに来たはずなのに、逆に僕を励ましてくれた患者さんたちのやさしさで、胸がいっぱいになった。

じつは、この日がホスピスでの初めてのライブであった。

その後も予定されていた数ヶ所のホスピスをまわったが、この日のことがトラウマになってしまい、それからは一度も母の話には触《ふ》れることはできなかった。

自分の余命《よめい》がわずかであることを知り、それを受け入れた人が「最期の時間」を過ごすのに、この場所を選んだと言えど、愛する家族を残して死んでいくことが悲しくないわけがない。

父から聞いたが、母も担当《たんとう》医師からホスピスに移《うつ》るようすすめられたときは、ひどく落ち込んでいたという。「もう他に治療法はないということですか……」と、強気《つよき》な母も、さすがに肩《かた》を落としていたらしい。

旅立つ者の寂しさは誰もわからない。

未熟な僕を責める人なんていなかったし、軽《かる》い気持ちで臨《のぞ》んでなんかいなかったが、人生経験の浅《あさ》い当時の僕が胸を張って歌えるほど、容易《たやす》いステージではなかった。

僕の歌を好きになってくれた患者さんとの交流もあった。

「えりちゃん」という女の子は当時18歳。ホスピスにいたが、年齢《ねんれい》が若いことと、ご家族の思いもあって、本人には、その場所がホスピスであることを告《つ》げられてはいなかった。しかし、そのとき末期の小脳《しょうのう》がんだった。

歩くことも困難《こんなん》であった彼女は、いつか病気が治《なお》り、将来は元気いっぱいに走《はし》れる日が来ることを強く信じていた。当たり前だ。まだ18歳なんだから。

僕が病室に行くと、えりちゃんはとても嬉しそうに、でも少し照《て》れくさそうに笑う。

ご両親もそんな彼女を見て、いつも嬉しそうだった。だけど、悲しそうだった。

「えり、大野クンが来てくれたよ。早く元気になってライブに行かなきゃね」

お父さんのそんな「やさしい嘘」を聞くたび、僕も胸が苦しかった。

お母さんは、えりちゃんの前では、いつも笑顔を絶《た》やさなかったけれど、えりちゃんのいない病院のロビーでは、ときどき涙を流していた。

病気という厳しい試練《しれん》を与えられてしまった彼女だが、親の愛には恵まれた。

きっと彼女は、この両親を選んで生まれてきたのだろう。

「この二人だったら、どんな私でも愛し、厳しい試練さえも一緒に乗り越えてくれる」

えりちゃんに出会って1年後。彼女は天国《てんごく》へと旅立っていった。

子どもに先立《さきだ》たれる親の気持ちは、本当に想像を絶するものだろう。二人にかけるふさわしい言葉が、僕には見つからなかった。

でも、これだけは言える。お父さんお母さんに愛されて、えりちゃんは、きっと幸せな人生だったに違いない。

えりちゃんと出会った病院を最後に、僕はホスピスで歌うことをやめた。

悲しい別れがあることを知りながら出会いに行けるほど、僕は達観《たっかん》した人間にはなれそうにもなかった。

もっともっと人生経験をし、心が強くなって、ホスピスの患者さんに感動してもらえるような素敵な歌をたくさんつくって、出直《でなお》してこよう。

まだ僕が歌える場所じゃない。そう思った。

そうして僕は夢に飛《と》び込《こ》んだ

ホスピスでのライブ活動をやめた僕は、心機《しんき》一転《いってん》、改めてメジャーデビューへの夢をかなえるために、都内のライブハウスでのライブや新曲《しんきょく》づくりに精力的に取《と》り組《く》んでいた。

ちょうどその頃かな。父の紹介で芸能事務所《じむしょ》に所属《しょぞく》し、僕のデビューを実現《じつげん》させるため社長《しゃちょう》と共にいくつものレコード会社《がいしゃ》をまわって、担当者に歌を聴いてもらっていたが、残念ながら、一向に、いい返事をもらえない日々《ひび》が続いていた。

社長の幅広《はばひろ》い人脈《じんみゃく》により、第一線《だいいっせん》で音楽業界《ぎょうかい》を引っ張っている関係者の方々にお会いし、お話を聞く機会をいただいたけど、デビューには程遠い、厳しい意見ばかりだった。

特に亡き母のために作った歌は不評《ふひょう》だった。

「暗い」とか「重たい」と言われ、若者が共感しづらいのではないかと、なかなか評価してもらえなかった。

業界のある有名プロデューサーから、こんなことを言われたことがある。

「君《きみ》の歌はエンターテイメント向きじゃない。君はドキュメンタリーだ」

続けてさらに、こんなことも言っていた。

「いまのうちに、はっきりさせたほうがいい。エンターテイメントでいくのか、ドキュメンタリーでいくのか。どちらもやるのは絶対無理だよ」

いま考えると、さすがである。まるで予言者《よげんしゃ》だ。プロの目は、やがて訪れる僕の未来をはっきりと見ぬいていた。

しかし当時の僕は、そんな言葉の真意《しんい》を理解《りかい》できず、憧れの「メジャーデビュー」の夢を否定されたようで、ただただ悔しさがこみ上げるばかりであった。

そんな同時期、いまの僕をつくり上げた運命《うんめい》の出来事が起きる。

あの頃、僕は人生で、もっともがむしゃらだったと思う。

夢に一途《いちず》で、歌にまっすぐだった。出会うものすべてが、「夢への入り口」だと思えるくらい情熱にあふれ、どんな場所へも一人で飛び込んでいけた。

感動が新しいことを始める力になる

千葉県多古町《たこまち》のホールで、詩人《しじん》・相田《あいだ》みつをさんのご子息《しそく》、相田一人《かずひと》氏《し》の講演会《こうえんかい》が開催されるという。僕が相田さんの詩を好きであるのと、それ故に僕の歌が相田さんの詩の世界と通ずるものがあるということで、その主催《しゅさい》の方から、「講演会の前座《ぜんざ》で大野クンにミニライブをやってほしい」というお話をいただいたのだ。

もちろんとても光栄《こうえい》なことなので、二つ返事で、このご依頼を受けた。

責任を持って前座をつとめさせていただき、ライブ後にロビーで自主《じしゅ》制作のCDを売《う》っていた。

すると一人の女性が目を真《ま》っ赤《か》にされて、僕に声をかけてくれた。

聞くと、中学校の教職員《きょうしょくいん》の方だという。そして、僕にこんな頼み事をしてきた。

「ライブ、とても感動しました。大野さん、学校にも歌いに来てくれますか？　ぜひ、うちの生徒たちに大野さんの歌を聴かせたいのです」

先生の真剣な眼差しと熱意《ねつい》に押され、僕はすぐに、こう返事をした。

「ぜひ歌いに行かせてください」

学校ということは文化祭や学園祭かなと思ったが、それは、そういった楽しい類《たぐ》いのものではなかった。なんと、「道徳の時間」でのライブであった。

対象は1年生。映像を観たり、妊婦《にんぷ》体験をしたり、1年間を通して、「命の大切さ」を授業で学んで、その「まとめ」として、僕にライブをやってほしいのだと、先生は言った。

学校ライブは、こうして始まった

千葉県富里《とみさと》市立《しりつ》富里《とみさと》中学校。学校ライブの記念《きねん》すべき第1校目である。

戸惑《とまど》いや不安がなかったと言えば嘘になるけど、不思議なことにそれほどの迷《まよ》いもなく、むしろ胸を躍《おど》らせるような思いで、僕は学校に足を踏み入れた。

1時間以上の時間を、「大野さんの好きなようにやってください」という先生の度胸《どきょう》にはおどろいたが、先生からはたった一つだけ、あるリクエストがあった。

それこそが、僕が学校に呼ばれた最大の目的《もくてき》でもある。

亡くなった母の歌、『天使の舞い降りた朝』を必ず歌ってほしいということ。

12月某日《ぼうじつ》、その日はやってきた。場所は武道場《ぶどうじょう》。1学年のみだったが、わりと生徒数の多い学校だったから、武道場はびっしりと生徒たちで埋《う》めつくされた。

音楽室から持ってきたクラビノーバ（ヤマハの電子ピアノ）を中央に置き、それを取り囲むように座る生徒たちの中へ、僕はギターを抱えて登場した。

いよいよ「ライブ」という名の授業の始まりである。

生まれて初めての経験だから、何もかもが手探《てさぐ》りだった。

「大野さんの好きなように」と言われても、ここは学校であり、授業の一環として生徒たちの前に立つ以上、決して失敗は許されないと思った。

しかし、どんなに頭を振《ふ》り絞《しぼ》ってみたところで、僕は僕でしかない。

教師の免許《めんきょ》を持っているわけじゃないし、道徳教育や命について勉強してきたわけじゃないのだから、誰かの真似をしたり、背伸《せの》びをしたって仕方ないのだ。

ありのままでいい。

歌手になる夢を持って、今日までがんばってきたこと。

児童養護施設の子どもたちのこと。

ホスピスでの出会いやライブの失敗談《だん》。

気がつけば、21年間という、それ以上でもそれ以下でもない、等身大《とうしんだい》の人生を彼らに語りながら、これまでのさまざまな経験は何ひとつ無駄なことはなく、すべて血肉《けつにく》となっていることを知った。

そして先生との約束通り、『天使の舞い降りた朝』を歌った。

この歌は、母が亡くなって1年後につくった歌だ。つらい闘病生活を送る母が亡くなる日までを、何の飾《かざ》りもないストレートな歌詞で描《えが》いた、7分近《ちか》いバラードである。

雪の降る寒い朝、ホスピスにいる父から、「いま、お母さんが亡くなった」と電話があった。

みんなで駆《か》けつけると、病室で母はやさしい顔をして眠っていた。手を握ると、まだ、あたたかかった。窓《まど》の外の雪景色《ゆきげしき》がとても美《うつく》しくて、それを見ていると、まるで天使たちが舞い降りて来て、母を連れていったような、そんな気持ちになった。

それを歌にしたのが、『天使の舞い降りた朝』である。

それまでずっと真剣に話や歌を聴いていたものの、特別《とくべつ》表情に大きな変化のなかった生徒たちだったが、このあと僕はおどろくべき光景《こうけい》を目にする。

歌が進むにつれ、一人、また一人と顔を伏《ふ》せはじめた。そして鼻水《はなみず》をすするような音がしはじめ、それは次第に大きくなっていった。そう、みんな泣いていたのだ。

むずかしい年頃である彼らが、母親をテーマにした歌を聴いて、まっすぐ涙を流す姿に、僕は本当におどろいた。そして感動した。

その頃、世間では、こんな言葉が飛び交《か》っていた。

「最近の子どもは冷《さ》めている」

そんなの誰が決めたのだ。

「最近の子ども」を、どれだけ見たというのだろう。

少なくとも、いま僕の目の前にいる中学生たちは、冷めてなんかいなかった。それを知ることができただけで、僕は、この日、嬉しくて仕方なかった。

そして、歌の持つ力を改めて思い知らされた。

僕の歌はエンターテイメントではないとか、ドキュメンタリーであるとか、そんなことどうだっていいと思ってしまうほどの、リアルな真実がそこにはあった。

予想以上《よそういじょう》の生徒のリアクションに先生も感動し、その後、道徳の分野に関わる他校《たこう》の先生方にも、この「授業」をすすめてくださり、2校目、3校目と学校でのライブが続いていったのである。

先生から先生へと、気がつけば千葉県内の学校をまわる日々で忙しくなり、僕はいつのまにか、それを「学校ライブ」と名づけていた。

これが学校ライブ、そして「歌う道徳講師」の始まりである。

当時、まさか800校もやりつづけるとは想像もしていなかった。もしもタイムマシーンがあって、過去に行って、あの頃の僕に、この未来を教えたら、きっと「冗談《じょうだん》だろう」と笑うに違いない。

頼まれたことは断らない

あのとき初めて、僕を学校に呼んだ先生は本当にすごい人だと思う。

言い方は悪いが、学校は前例《ぜんれい》がないものに挑戦《ちょうせん》したり、取り入れたりすることに、少し臆病《おくびょう》なところがある。

失敗すれば、他の先生方や保護者《ほごしゃ》がどう思うかわからないし、どこの馬《うま》の骨《ほね》だかわからないミュージシャン故に、生徒に悪影響《あくえいきょう》を与える話をする可能性だってないとは言いきれない。「前例がない」ということは、そういったリスクがあるということ。うまくいくなんて保証《ほしょう》はどこにもないのだ。

でも先生には、きっと確信があったのだろう。

きれいにまとまらなくても、完成度《かんせいど》なんか高くなくても、「この人だったら生徒に何かを与えられる」という確信。

頼まれたことは断《ことわ》ってはいけない。

仕事に限らず、生きていると人からいろんなオファーを受ける。

「結婚式のスピーチをやってほしい」とか、「ホームページをつくるのを手伝《てつだ》ってほしい」とか、「車《くるま》の調子《ちょうし》が悪いから見てほしい」とか。

たぶんそのほとんどが、「あなたならできる」と思って、人は頼んできている。

人前でしゃべることが得意だと思うからスピーチをお願いするし、パソコンに詳しいと思うからホームページ制作をお願いする。車のことなら何でも知っていると思って、その人を思い出したに違いないのだ。

だから、よっぽどのことがない限り、そういうものは断ってはいけない。だって、できるのだから。できるのに断るのは、ただ単に面倒《めんどう》くさいからではないだろうか。

たとえ、それが自分の意図《いと》していないものであっても、未来のビジョンになかったものであっても、頼む側にはなんらかの確信があるのだと僕は思う。

その確信を信じよう。時には、流れに身をまかせることも必要だ。

頼まれたことを断らなかったことで、意外な才能や未来に出会えるかもしれないよ。

天使の舞い降りた朝

作詞・作曲　大野靖之

僕《ぼく》は今年《ことし》でもう　二十歳《はたち》になるんだよ
僕は今年でもう　二十歳になるんだよ

もしも僕の声《こえ》が聞《き》こえているのなら
たった一言 だけ「愛《あい》してる」と言って
辛《つら》さ隠《かく》しながら仕事《しごと》に向《む》かって
僕らのためならば 無理《むり》はもうやめて

戻《もど》れるならあの頃《ころ》へ　あなたに抱《だ》かれ眠《ねむ》った頃
カーテンを開《あ》けると嬉《うれ》しそうに笑って
なんか太《ふと》っちまったね　食《た》べ過《す》ぎはよせよ

第3章

次のステージに進む

部屋《へや》に一人《ひとり》ぼっちで寂《さび》しかっただろう
ベッドの上《うえ》ばかりで悔《くや》しかっただろう
燃《も》えるあなたの手《て》は　あの頃のまま
優《やさ》しいあなたの匂《にお》い　あの頃のまま

いくつになってもあなたと　同《おな》じ血潮《ちしお》が流《なが》れてる

深《ふか》い眠《ねむ》りにつき返事《へんじ》も返《かえ》ってこない
もう一度《いちど》僕《ぼく》の手《て》を強《つよ》く握《にぎ》り返して
雪《ゆき》の降《ふ》る寒《さむ》い朝《あさ》　天使《てんし》が舞《ま》い降《お》りて
あなたを連《つ》れて行《い》き「星《ほし》になれ」と言《い》った

答《こた》えておくれ最後《さいご》に　何《なに》も言《い》わずに行《い》くのかい？
あなたの分《ぶん》も生《い》きよう　いつも僕らを見ていて
伝《つた》えきれない僕の事《こと》　いつか話せるその日まで

あなたに逢《あ》えてよかった
あなたに逢えてよかった

準備が整《ととの》ったとき、夢はかなう

平成17年7月6日、僕は東芝《とうしば》EMI（現EMI RECORDS）というレコード会社からメジャーデビューをした。23歳のときである。

改めて考えてみると、この年齢でメジャーデビューできたというのは、すごい強運《きょううん》だったし、人との出会いやタイミングに、とても恵まれていたなと思う。

当時、音楽家としても人間的にも、未熟そのものだった僕を、メジャーの世界へ導いてくれた関係者の方々には本当に頭《あたま》が上がらない。

中学のときから憧れていた世界に飛び込めた瞬間であり、かなえたかった夢が実現した瞬間だった。いま思い出すと、恥ずかしいくらい舞い上がっていたし、かなり有頂天《うちょうてん》になっていたと思う。夢である紅白歌合戦《こうはくうたがっせん》にも、その年には出られるんじゃないかと思えたくらい、少し調子に乗っていた。

いまだからこそわかることだが、こういう人間はすぐに成功しない。だってメジャーデビューがゴールなわけではないのだから。

デビューはすごいことだ。それだけで「選ばれし者」ともいえるかもしれないが、それはあくまでもスタートをきったにすぎない。

準備には時間がかかる

プロの世界は甘くはない。結果が出なければ、それで終《お》わりだ。

デビューしたその半年後《はんとしご》には、早くもレコード会社との契約《けいやく》が続行《ぞっこう》できないことをマネージャーに告げられた。

せっかく念願だったメジャーデビューが決まり、「この世界でがんばっていこう」と希望に満ちあふれ、歩き出したばかりだったので、この結果はとても悔しかったし、落ち込んだ。

でも、いまはこう思う。

きっと世の中に出るには、まだ早すぎたのだ。下積《したづ》みもそこそこで、ろくに苦労もしないで、デビューの重みなどわかるわけがない。

この大きなチャンスをものにできなかったのは、まぎれもなく自分自身の責任であり、大舞台にふさわしいスキルを磨《みが》いてこなかった僕の準備不足《ぶそく》である。

運や出会いに恵まれデビューできたが、それをものにできる準備は完全に整ってはいなかった。

虎視眈々《こしたんたん》と準備をしてきた者だけが、夢を手にすることができる。

運やタイミングもあるだろうが、やがて「本当の成功」を手にするのは、ちゃんと準備をしてきた者だけだ。

夢は大きければ大きいほど、準備に時間がかかる。

宇宙飛行士になるのに、1年や2年の準備では足《た》りない。

本を出すことだってそうだ。200ページの書籍《しょせき》を執筆《しっぴつ》するのに、3日やそこそこで、書きあげるなんて絶対無理だ。

大きい夢に限らず、日常《にちじょう》の小さな物事《ものごと》にだって、すべて準備が必要である。

おいしい料理をつくるのにも準備、旅行にいくのにも準備、テストでいい点数を取るのにも準備。何もかも準備がなければ、うまくはいかない。

逆に見れば、うまくいかないのは、準備をしていないせいかもしれない。

なかなか夢がかなわないと、くじけそうになる。

もう途中《とちゅう》で、あきらめてしまいたくなる。

でも、そんな自分に、僕はこう言いたい。

「まだ準備が整っていないだけなんだ」

その準備がちゃんと整ったとき、夢はきっとかなう。

チャンスは何度でもやってくる

平成19年10月。新《あら》たなレコード会社、ユーキャンエンターテイメントに移籍《いせき》する。東芝EMIとの契約がきれて、約2年後のことである。

僕がアーティストとして多大な影響を受けた、さだまさしさんのいるレコード会社だ。この2年、デビュー曲以降《いこう》CDを発売することができなかったが、歌う場所だけは僕はずっと恵まれた。

ひきつづき、多くの学校ライブをやりながら、オフィシャルスポンサーのジブラルタ生命《せいめい》と、イベント興行《こうぎょう》会社のキョードー東京《とうきょう》のサポートのおかげで、青山劇場《あおやまげきじょう》や青山円形劇場《あおやまえんけいげきじょう》など立派な会場でコンサートをすることができた。

早すぎたデビューは、決して悪いことだけではない。

プロとしての意識《いしき》や度胸《どきょう》を、たくさんの現場《げんば》で学ぶことができた。

現場には、いろんな分野のプロたちがいる。その背中を見るだけで勉強になったし、一発勝負《いっぱつしょうぶ》の生放送《なまほうそう》を数々《かずかず》経験することで、そのたびに得るものは計《はか》り知れないものだった。

デビューしたばかりの若い女優が、いきなりゴールデンタイムのドラマに大抜擢《だいばってき》されれば、輝く素質《そしつ》はあるにせよ、そりゃあ素人感《しろうとかん》まるだしになる可能性はあるだろうけど、現場で一流《いちりゅう》の俳優陣《じん》やスタッフたちと接するだけで、演技《えんぎ》のレッスンを毎日ひたすらやることより、何十倍も得るものは大きい。

しかしまた、そのあとも努力しつづけなければ、この世界では生き残れない。

大きなチャンスを、いつかまた、ものにするために、僕らはいつも準備していなければならないのである。

新たなレコード会社との契約は、とても嬉しい出来事だったけど、2年前のデビューのときのように、いっさい浮《う》かれたりしなかった。

僕の可能性を信じ、再びメジャーの世界に招《まね》いてくれたユーキャンに、必ず応《こた》えてみせる。そんな感謝の気持ちと熱い思いであふれていた。

チャンスはいつ訪れるかわからない。

だから日々準備することである。

大きなチャンスが来たときに、「すいません、準備してませんでした」なんてことにならないように。

人間力は嘘をつかない

小学校でのライブで、僕がもっとも学んだことは何か。

それは、小学生には肩書《かたが》きも実績《じっせき》も、いっさい通用しないということ。

「興味がない」ということではない。プロフィールに書かれた一つひとつが、どれほどのことなのかが、まだあまり理解できないだけなのだ。

逆に大人になると、そればっかりが目に入ったり、肩書きだけでその人の実力を判断《はんだん》してしまうから、それはそれで恐ろしい。

ショッピングモールでのフリーライブや路上ライブでも、有名か有名じゃないかだけで観覧を考える人も多い。

自分が知らなくても、「有名らしい」とか、「よくテレビに出ているらしい」という情報《じょうほう》を耳にすると、急に観《み》てみようという気になったり。

しかし小学生は違う。目の前にいる人がこれまでに素晴らしい功績《こうせき》を残していたって、ライブ前の紹介や案内《あんない》チラシにかっこいい経歴《けいれき》を並《なら》べたって、彼らには効力《こうりょく》なんかない。「メジャーデビューをしている」とライブ中に言ったはずなのに、終わって廊下《ろうか》ですれ違った生徒に、「歌手を目指してがんばってください」と何度も励まされた（笑）。多くの子どもたちが、歌手は「テレビに出ている人」だと思っているのかもしれないね。

人間力大賞を受賞したとき

平成20年、「人間力大賞」という賞で、僕はグランプリの内閣総理大臣奨励賞《ないかくそうりだいじんしょうれいしょう》を受賞《じゅしょう》した。26歳の夏《なつ》のことである。

これは日本青年会議所《せいねんかいぎしょ》が主催している賞で、社会に貢献《こうけん》する活動や何かの目標に向かって挑戦する20歳から40歳までの人間力あふれる若者《わかもの》に贈《おく》られる、別名で「青年版国民栄誉《せいねんばんこくみんえいよ》賞《しょう》」といわれる名誉《めいよ》ある賞だ。これまでに、フィギュアスケートの伊藤《いとう》みどりさんや、宇宙飛行士の向井千秋《むかいちあき》さんなども受賞されている。

日本全国の青年会議所が、各地域《かくちいき》でがんばっている、それぞれの若者を推薦《すいせん》するシステムで、僕は神奈川県《かながわけん》の小田原《おだわら》青年会議所の皆さんから推薦していただき、学校ライブの活動を知ってもらうべく、この賞にエントリーされた。

とても光栄《こうえい》なことだと思ったが、賞を取るためにそれまでがんばってきたわけじゃなかったし、当時たくさんの学校で歌っているものの、気持ちの半分以上では「ヒット曲を出したい」とか「歌手として評価されたい」という夢や目標があったから、正直少《すこ》しピンと来てはいなかった。

しかし、頼まれたことや期待《きたい》されたことには精一杯《せいいっぱい》応えるのが僕のポリシー。やると決めたからには、真剣にやる。そう決めた。

書類選考《しょるいせんこう》を通過《つうか》し、次の審査《しんさ》となるプレゼンテーションに挑《いど》むことになった。たしか2、3分間のプレゼンテーションと、質疑応答《しつぎおうとう》だったと思う。

わずかな時間の中で、自分の活動や思いをまとめるのは、本当に簡単ではなかったし、錚々《そうそう》たる審査員《しんさいん》の方々の前で、とても緊張《きんちょう》したけれど、未熟ながらも等身大の言葉で精一杯お話しさせてもらった。NHKの偉《えら》い方もいらっしゃったので、夢である「紅白歌合戦出場」の宣言《せんげん》も忘れなかった（笑）。

なんと2次審査となった、そのプレゼンテーション選考も通過し、ついに受賞式の日を迎《むか》えた。不思議なもので、「賞を取りたい」という欲《よく》もなかったし、選ばれるわけがないと思っていたくせに、いざとなるとドキドキしてしまう。そして少し期待してしまう。

人は誰だって、どこかで評価されたいと思っている。自分のがんばってきたことが間違いじゃないんだってことを、誰かに言ってほしいのだ。そして、褒《ほ》めてほしいのだ。

受賞式まで通過した方々は、その立場に恥じないほど、みな素晴らしい活動をされている人たちばかりである。

そして、その瞬間がきた。

「人間力大賞グランプリ内閣総理大臣奨励賞、大野靖之」

全身に鳥肌《とりはだ》が走った。こみ上げる思いに涙があふれそうだったけれど、ぐっと堪《こら》えた。

だって、僕と同じように、みんながんばってきたのだ。

それぞれの素晴らしい活動や挑戦に、上《うえ》も下《した》もないのだ。

そして何度も言うように、賞を取るために、今日まで活動してきたわけじゃないのだ。

ここで涙は流しちゃいけない。そう思った。

でも、心の底から嬉しかった。それが本心である。

誰かが必ず見てくれている

その頃、僕はとても疲れていた。とても葛藤《かっとう》していた。

学校ライブを続けていく意味や、自分自身の夢や目標がいったい何なのか、僕はかなり見失《みうしな》いかけていた。

答えがあることがすべてではないけれど、その頃の僕にとっては、「日々がんばっていること」と「いままでがんばってきたこと」への明確な答えが必要だった。

どこの学校に行っても、子どもたちは僕を知らない。

メジャーデビューしているはずなのに、それまでにテレビや新聞《しんぶん》などで何度も紹介《しょうかい》されたはずなのに、学校に行けば、一人として僕を知っていると言ってくれる子や、僕に会った瞬間「芸能人が来た」と騒《さわ》ぐような子は、ほとんどいなかった。

いつだってそんな始まりだけど、ライブでは持《も》ち前《まえ》の「あきらめの悪さ」(笑)と、子どもたちを楽しませようとする使命感に燃《も》え、「知らない人」から「また会いたい人」になってみせようと、毎回がんばってきた。

心をつかまれた子は、ライブ後にサインをもらいに来てくれたり、握手《あくしゅ》をしただけで、はしゃいでくれるようにもなるけれど、翌日《よくじつ》違う学校に行けば、また「知らない人」。

そのくり返しである。

一向に有名になっていない現実を、まるで毎日見せつけられているようで正直悔しかったし、本当に子どもたちのためになっているのか、自分の夢のためになっているのか、そして、いったい、この先には何があるのか、当時の僕はいつもいつも自問自答《じもんじとう》していた。

そんなときにいただいた賞だった。

あのとき、僕は思った。

「がんばっている姿は誰かが必ず見てくれている」

だから意味を見失いかけても、決してやめてはいけないのだ。いまは誰にも評価されなくても、長く長く続けていれば、それだけで、いつか認《みと》めてくれる人が必ず現《あらわ》れる。きっとこの賞は、「素晴らしい活動」に贈られたものではなく、「続けたこと」に贈られたものだと思っている。

「君のやってきたことは間違いじゃない。だからどうか続けてほしい」

そんなメッセージに聞こえた。

人間力があるかなんてわからなかったけど、せめて、この賞に恥じぬよう強く生きていこう、まだもう少しがんばってみようと、この賞には大きな大きな励みをもらえた。

余談《よだん》だが、受賞式の日は7月6日、母の誕生日である。

メジャーデビューした日も、7月6日。

人生は科学《かがく》などで証明《しょうめい》できない不思議なことであふれている。

「がんばっている姿、いつもママが見ているよ」

僕には、そんな声も聞こえた日だった。

第4章

プライドをもって生きる

自分を変える必要なんてない

「歌詞がきれいすぎる。もっと毒《どく》やトゲがあったほうがいい」

僕の歌を聴いたあとの「ダメ出《だ》し第《だい》1位《い》」とも言っていいくらい、歌詞のきれいさについて、音楽業界の方々に、本当によくご指摘《してき》を受けていた記憶がある。

売れる売れないの定義《ていぎ》や答えなど、結局のところ誰にもわからないと思うのだが、ヒットする曲や人気のあるアーティストというのは、どこかに不良《ふりょう》っぽい感じや、トゲみたいなのがあるのだという。もちろん、すべてのものがそうだとは言えないが。

たしかに、僕が中学のときに多大な影響を受けた尾崎豊《おざきゆたか》さんもそうだし、名前をあげたらキリがないが、当《とう》の本人たちは本当にそうなのかは別として、みんなどこか不良っぽくて、ヤンチャなイメージがある。日本だけではなく、海外で人気のあるロックバンドなんて、ほとんどがそんなイメージだ（笑）。

この要素が、スター性《せい》やカリスマ性につながっているのも、とても頷《うなず》けるので、ある意味で、きっとこの指摘は「ヒットの法則《ほうそく》」の一つとして、かなり当《あ》てはまるのではないかと思う。

さらに、この不良っぽい人たちが甘いラブソングなんかを歌ってしまった日には、そのギャップで、ファンはしびれてしまうわけである。

普通《ふつう》すぎる自分に、うんざりするとき

僕には、そんな不良っぽさがなかったらしい（いまもない）。

それでいて、「命の尊さ」や「夢を持つことの大切さ」、亡くなった母や家族をテーマにした歌など、歌詞まできれいだったり、まじめなことを言っていたら、何のインパクトもスパイスもなく、僕の歌は聴き流されてしまうだろうと指摘される。

作品、さらに人格《じんかく》まで否定されたようで、もちろん反発心もあったが、的《まと》を射《い》たアドバ

イスは、いまでもずっと記憶に残っているし、この課題《かだい》は当時の僕の悩みの大半を占めていた。

自分を「きれいな人間」だなんて、これっぽっちも思わないが、昔から歌や音楽は、美しくてきれいなものが好きだ。

そして、日常の中や、人と人との触《ふ》れ合いの中で、きれいなものをいつも探しては、それを見つけたとき、すぐに歌にしたいという気持ちにかられる。

テレビのニュースをつければ、まるで「世の中は悪い人たちばかりだ」と言わんばかりに、毎日のように恐ろしい事件や暗い出来事を取り上げている。

視聴率《しちょうりつ》を考えるのはわかるが、毎日そんなものを子どもたちが見ていると思うととても心配になる。

ならば僕は、とことんきれいなことややさしい出来事に目を向けて、それを歌にして、子どもたちに届けていきたいと思う。

それが音楽の役目《やくめ》だと勝手に使命感を持っている。

ほら、またこんなことを言うから「きれいごと」だと言われてしまう（笑）。


なぜ、たくさんの学校が僕を呼んでくれるのか。

自分で言うことではないが、それはきれいな歌だからだと自負《じふ》している。

「歌詞がきれいすぎる」という短所《たんしょ》が、この世界では長所に変わったといっても過言ではないくらい、日本全国の先生方やＰＴＡの方々から熱烈《ねつれつ》なオファーをいただく。

先生が生徒に聴かせたい歌。親が子どもに聴かせたい歌。そんなところかもしれない。

「大野クンの歌は、子どもたちが聴きたいと思う歌じゃないよね」

こんなことも、音楽関係者の方に言われたな。まったく、厳しいご意見だ。

しかし、いままでに８００校以上の学校からご依頼をいただき、とんでもない数の子どもたちの前で歌ってきたというのも事実。

僕の歌を聴いて、感動して涙を流す中学生たちをたくさん見てきたのも事実。

小学校１年生の子が歌詞の意味を理解し、泣いていた姿も何度も目にしたことがある。

そんな子どもたちの反応や感動する姿を、先生たちが直接目《ま》の当たりにして、この活動が広がっていったというのも、まぎれもない事実なのである。

だから、僕の歌は決して、子どもたちが聴きたくない歌ってわけじゃないし、大人たちは、きっと子どもたちのためになると確信して呼んでくれているのだ。

きれいごとでもいい、きれいな言葉を知ろう

「きれいごと」の何が悪い。僕はそう思っている。

汚《きたな》い言葉を聞くより、よっぽどいい。

子どもたちには、たくさんのきれいな言葉に出会ってほしい。

きれいな言葉は心を救い、感情を表現してくれる。そして人生の支《ささ》えとなってくれる。

きれいごとでもいいじゃないか。いや、むしろきれいごとさえ世の中から消えてしまったら世界は終わりだ。夢や希望の持てるような、きれいな言葉をたくさん浴《あ》びせてあげるべきだと、僕は心から願う。

当たり前の話だが、日本人の子どもが日本語をしゃべるように、アメリカ人の子どもが英語をしゃべるように、中国人《ちゅうごくじん》の子どもが中国語をしゃべるように、子どもたちは生まれ育《そだ》った環境の中で言葉を覚えていく。日本という一つの国の中だって、それぞれの地域で方言《ほうげん》が存在するわけだからね。

それと同じだ。

幼い頃からきれいで美しい言葉を聞かせつづければ、きっとその子はきれいな言葉づかいをするようになる。

逆に汚い言葉を浴びつづけていたら、やがてその子は、汚い言葉を話すようになる。

心が言葉をつくるのではない。言葉が心をつくる。

やさしい言葉をたくさん知り、いつも口にするようになれば、やさしい心に育っていく。

「ありがとう」と「ごめんなさい」を、ちゃんと言えない人がときどきいるが、そういう人は、たぶん、この言葉を知らないか、人に言われたことがないのだと思う。

「ありがとう」を言われた嬉しさを知っているから、自分も「ありがとう」を言いたくなる。そして、そのたびに心は、どんどん美しく磨《みが》かれていく。

こんな話を聞いたことがある。

水に言葉をかけると、結晶《けっしょう》のかたちが、その言葉によって影響を受けるらしい。

いい言葉を水に話しかけると、美しいかたちの結晶ができ、悪い言葉をかけると汚いかたちの結晶ができると。科学的な話はわからないがこういう話、僕は嫌《きら》いじゃない。

人間の身体《からだ》の60％は水でできているというのだから、もしかしたら、それと同じことが、僕たち人間にも言えるかもしれない。

自分のイメージは、自分が知っていればいい

23歳から、「歌う道徳講師」という肩書きと共に歩《あゆ》んだ日々。その重たさや期待に、重圧《じゅうあつ》を感じる時期もあった。

光栄なことに新聞やテレビなど、数えきれないくらい、たくさんのメディアにも、この活動を取り上げていただいたが、そのたびに「まじめな好青年《こうせいねん》」「母親思いのやさしい若者」というイメージが定着《ていちゃく》していった。

ファンの皆さんや記者《きしゃ》の方々、そして、スタッフや学校関係者を含《ふく》め、気がつけば僕のまわりは、そのきれいなイメージに対する期待であふれていた。

僕に興味を持っていただけることや取材《しゅざい》していただくこと、ファンができることに喜びと幸《しあわ》せを感じる反面、「何を贅沢《ぜいたく》なこと言っているんだ」と叱《しか》られるかもしれないが、その

期待に応えることに追《お》いついていけない自分がいた。

そんな自分は、決して偽《いつわ》りではないし、誰かに無理やりやらされているわけでもなく、まぎれもなく僕自身が生み出したものであるはずなのに。

「まじめ」に見られたくない

きれいなことやまじめなことだけを考えている僕が、すべてではないことを、みんなに知ってほしかった。まるで、そのイメージを少し押しつけられているようで、やがて、そんな気持ちから反抗心まで持つようになってしまった。

ささやかな抵抗だが、まじめすぎないように見せるため、髪《かみ》を明《あか》るくしたり、パーマをかけたりした。

服装《ふくそう》も流行《りゅうこう》を意識《いしき》したり、中高生たちに親《した》しみやすいカジュアルな格好《かっこう》を、つねに心がけた。いま思い出すと、「何やっていたんだ」と自分でも失笑《しっしょう》するが、日焼《ひや》けサロンで肌《はだ》を黒《くろ》くしていたこともあった。もう、そのときは末期である（笑）。

深夜《しんや》のラジオ番組《ばんぐみ》のパーソナリティをやらせていただいたときも、いろんな自分を知ってほしくて、大好きなホラー映画を紹介するコーナーを企画《きかく》したり、わざと下《しも》ネタを言ったこともあった。さすがに下ネタに対しては、ファンの方々からクレームがあった。「まさか、やっくんがそんなことを言うなんてビックリした」とか、「いつも娘《むすめ》と聞いているから、そういう話はやめてほしい」とかね。すごいのが、「やっくんも普通の男の子だったんですね」って意見もあった。いやいや、そのときは、もうすでに28歳だからね。

この通り、活動が活動なだけに、おそらく当時の僕のクリーンなイメージと言ったら、もしかしたらアイドル以上のものだったかもしれない。

学校ライブ以外のコンサートでは、「母の歌を歌わない」と決めた時期もあった。亡くなった母の歌を歌いつづける限り、いつまでも「理想のやさしい息子像《ぞう》」というイメージがつきまとい、大人の男性として見てくれないのではないか、と一人で思い悩み、結果2年くらい母の歌は歌わなかった。

僕のファンは年齢層《そう》が高い。なかには、当時の僕と同じくらいの年齢の子どもを持つ女性もいた。だから、「息子を見ているようで」とか、「母の気持ちで応援しています」なんてよく言われたりしたけど、その頃の僕にとっては、これがたまらなくイヤだった。

「歌う道徳講師」というネーミングまで、素直に受け入れられなくなっていった。

学校ライブ本番の直前には、僕の紹介プロフィールを必ずチェックし、そこに「歌う道徳講師」が入っていることがわかると、「はずしてください」と先生にお願いした。

新聞やテレビなどで「歌う道徳講師」と取り上げられていて、いざ本番の日を迎えたら、そこに触れないでほしいなんて、先生方にしたら本当に意味不明だったに違いない。まるで、子どもの反抗期《はんこうき》だ。

そして完全に自分を見失いかけ、目の前にある大切なものに気づけずにいた。

どこに行っても、誰に話しても、この「学校ライブ」という活動はめずらしがられる故に、僕の気持ちを理解してくれたり、悩みを共感し合えたりできる仲間にも出会えず、いつもどこか孤独《こどく》であった。

「自分には無理」ということも受け入れる

学校ライブは、いつからか僕のキャパを超えはじめていた。

というより、学校ライブをやるだけで、もう身体は精一杯であった。

「遅刻《ちこく》は絶対にしない」と決めていたので、寝坊しないように、いつも夜の10時には布団《ふとん》に入るようにしていた。

翌朝《よくあさ》、マネージャーがマンションに迎えに来てくれて、車に乗り込むと、学校に到着《とうちゃく》するまで爆睡《ばくすい》した。連日のライブの疲れが、なかなか抜けないのである。

地方の学校ライブで旅が続くと、ときどき自分の居場所《いばしょ》がわからなくなる。

旅先のホテルで、夜中《よなか》にふと目が覚めると、「いまどこにいるんだっけ?」と考える。すぐに思い出せなくて、「朝になればわかるか」と、また、そのまま寝てしまったことも何度もあった。

当時はいつもマネージャーが同行《どうこう》してくれていたので、移動のときはほとんど無意識《むいしき》に行動していたのかもしれない。どこの駅で乗り換《のか》えて、どこの駅で降《お》りたのか、それさえも記憶に残らないほど、スケジュールをこなすことで必死だった。

「休みの日は何をして遊んでるの?」と聞かれたり、「若いんだから遊んだほうがいいよ」

なんて言われたりしたけど、本当に、そんな時間もなかったし、オフの日はとにかく家で身体を休めて、翌日から続く学校ライブのためにエネルギーを充電《じゅうでん》したかった。

もちろん、恋人《こいびと》が欲しくて仕方ないときもあったけど、学校をまわる日々に出会いなんかなく、何年も彼女のいない寂しい20代を過ごした。

そんな中、事務所の社長から、「ラブソングをつくれ」なんて、顔を合わせるたび言われると、もうストレスはたまる一方だった（笑）。

レコード会社や事務所に所属している以上、「売れること」や「ヒット曲を出すこと」に背を向けるわけにはいかないし、当の僕自身も、その夢を捨《す》てたくない気持ちでがんばっているつもりだったけど、そこの部分に時間を費《つい》やしたり、向き合えるほどの余裕《よゆう》は、残念ながら、あの頃の僕にはなかった。

「エンターテイメントでいくのか、ドキュメンタリーでいくのか、はっきりさせたほうがいい」——デビュー前に、音楽業界の人から言われたことがよみがえる。

何かの分野で評価されれば、一方で何かの分野が離《はな》れていく。

人生とはそういうものらしい。

すべてを手に入れるなんて不可能《ふかのう》なのである。

僕は、そんなことができるような非凡《ひぼん》な男ではなかった。

忙しさに疲れ、人にやさしくできなくなったり、空《そら》を見上げる余裕さえなくなるのは、何か違うような気がした。

「二足《にそく》のわらじ」

芸能界には、ミュージシャンをやりながら俳優をやる人もいるし、アイドルをやりながらニュースキャスターまでやってしまう人など、二足のわらじに留まらず、3足、4足のわらじを履きこなす強者《つわもの》たちがいるが、それは一握《ひとにぎ》りの特別な選ばれし者たちである。

それはまた別の話として、人より秀《ひい》でた能力なんて、普通はいくつもあるものじゃない。

だいたいは一つである。一つでもあればいいほうだ、という人もいるかもしれない。

その能力を、早い段階で見つけられた人はラッキーだ。

スポーツ選手やアスリートなどの多くは、子どもの頃に高い運動能力と、それに向いている競技《きょうぎ》に出会う。そして、勉強する暇《ひま》もないほどそのことだけに打ち込み、誰よりも努力をして夢を勝ちとるのだ。

人生は何度でも、やり直せる

「インプット」「アウトプット」という言葉がある。

ミュージシャンや芸術家《げいじゅつか》に限らず、どんな世界でも、これは必要である。

要するに、何か素晴らしい経験をしたり、何かに感動したり、素敵なものを見たり聞いたりすることが「インプット」。恋をすることや、大好きな人と一緒に過ごす時間とかも、そういうことだ。

一方、何か作品をつくったり、表現したり、心の中にあるものを吐《は》き出したり、勉強してきたことを生かしたりすることは、「アウトプット」となる。

ミュージシャンにとっては歌詞や曲を書くことだし、画家《がか》にとっては絵を描《か》くこと。作家《さっか》が本を書くことは、まさにこれに当てはまる。

アウトプットするためには、インプットは必要不可欠《ふかけつ》だ。

いまの僕からしたら、過去の日々すべてが愛《いと》しく、インプットとして変換《へんかん》することができるが、当時の僕にとっては、毎日がアウトプットでしかなかった。

「自分がイヤなやつになっていく」

僕の心と体力のすべてを、年間120本の学校ライブに捧《ささ》げた。

家に帰れば、近くのコンビニやスーパーの弁当《べんとう》で夕飯《ゆうはん》をすませ、洗濯を終わらせ、明日の準備をして夜10時には寝る。朝になってマネージャーが迎えに来てくれて、学校へ向かう。そんな日々にインプットなどできる時間はどこにもなかった。

たまに小学校のときからの親友《しんゆう》が部屋に泊《と》まりに来てくれたが、その時間ほど、あたたかいと感じたものはなかった。

僕は朝早いので、彼を眠らせたまま一人出かけていき、夜帰宅すると部屋はきれいに掃《そう》除《じ》されていて、僕のパソコンに励ましのメッセージが書き残されていた。

友達の存在に救われたと同時に、「これが恋人だったら、なおよかったのに」と思ったものだ（笑）。

どんな状況だって、決して環境のせいや人のせいにせず、がんばってきた僕が言《い》い訳《わけ》するようになったり、人に感謝できないようになってきたり、どんどんイヤなやつになっていくのが、たまらなく、つらかった。

そしていちばん悲しかったのは、歌うことや音楽が嫌いになっていくことだった。

僕にとって、歌がすべてだった。

こんなに大好きで仕方なかったものが、苦しいことや楽《たの》しくないことに変わっていこうとする、そんな自分を、いちばん許せなかったのだ。

もうどんな歌をつくったらいいかわからなくなっていたし、どこに進んでいくべきか見えなくなっていた。

そんなときこそシンプルに考えればいい。

自分は何を守るべきなのか。

あのとき僕が出した小さな答えは、「歌いつづけること」だった。

歌いつづけるために一人になる道を選び、歌いつづけるために原点に戻ろうと思った。歌うことが何よりも大好きで、一人で路上ライブを始めたあの頃のように。

平成23年8月、8年間所属していた事務所との契約が満期《まんき》を迎《むか》え、僕は独立した。29歳のときだ。ちょうど同じく、レコード会社との契約がきれたのも、不思議なタイミングである。

いままでお世話になり、僕を売るためにがんばってくれた社長やマネージャーを思うとてもつらかったし、父に相談したときも、「せっかくここまでがんばってきたのにやめるのはもったいない」と説得《せっとく》されたりしたが、最後まで決意は固《かた》かった。

芸能界の後ろ盾《だて》やメディア関係のつながりも失うだろうし、もう「歌手」として食べていけないかもしれない。当然テレビやラジオにも出られなくなる。

失うものがたくさんあることは誰よりもわかっていたが、それよりも音楽が嫌いになることのほうが、僕にはよっぽど恐ろしいことだった。

本当は、歌う場所があるだけで幸せなことなのだ。

本当は、目の前にあるものは、感謝することであふれているはずなのだ。

もう一度、それを知るべきときが来たのだ。

僕は何を必要とし、誰が僕を必要としてくれるのか。荷物《にもつ》を全部《ぜんぶ》おろして、また一人になったとき、本当に大切なものが見えるような気がして、僕はフリーランスとなった。

大切なものほど、そばにある

ふと見上げた東京《とうきょう》の空。

実家を離れて6年間、必死に、この空の下で生きてきた。

この部屋やこの街を好きになれるのか不安だったけど、気づけば、そんな気持ちも忘れてしまうくらいの忙しい日々だった。

ワンルームの狭い部屋だけど、この部屋に入りきれないくらいの大きな夢があった。たくさんの曲が生まれ、僕の喜びや悲しみをたくさん知っている場所。

いつか、ここも故郷《ふるさと》と呼べるだろうか。

荷物を全部車に積《つ》み込んで、何にもなくなった空《から》の部屋を眺《なが》め、僕は笑って「ありがとう」とだけ、つぶやいた。
涙一粒《ひとつぶ》でも流したら、東京に負け、夢にやぶれたことになってしまいそうな気がしたから。

さあ、新しい旅立ちだ。
人生は何度でもやり直せるのだ。何度でも立ち上がれるのだ。
生きていれば。

大切なものほどそばにある

作詞・作曲　大野靖之

大切《たいせつ》なものほどそばにある　僕《ぼく》らはいつもそれに気《き》づかない
大切なものほどそばにある　結局《けっきょく》いつも失《うしな》って気づくのさ
知《し》らずしらずに誰《だれ》かを傷《きず》つけてる　僕がいるだけで誰かを苦《くる》しめてる
すべての人に愛《あい》されるなんて無理《むり》なこと
せめて誰かの希望《きぼう》の光《ひかり》でありたい

やらなければならないことばかり多《おお》すぎて
子どもたちは本当《ほんとう》にやりたいことを見つけられなくて
やらなければならないことがいつのまにか
「それが自分《じぶん》の人生《じんせい》だ」と思《おも》い込んでる

君《きみ》のために歌《うた》うよ　心《こころ》で叫《さけ》ぶよ　世界《せかい》は変《か》わりゃしないけど

人《ひと》は誰も命《いのち》に理由《りゆう》があるなら　僕は歌いたい
大切なものほどそばにある　きっと歌うべきことはいつもそばにある

自分を「不幸《ふこう》だ」とか「ブスだ」とか口にすれば
みんなに嫌われないですむと思っている
どうして僕たちの国《くに》はこんなにも
自分に自信《じしん》がなくなってしまったんだろう
人と同《おな》じことをしていれば安心《あんしん》して
誰かの生《い》き方《かた》を真似《まね》すれば怖《こわ》くない
どうして僕たちの国はこんなにも
個性《こせい》というものがなくなってしまったんだろう

守《まも》るべきものを守るために　僕はいろんなものを手放《てばな》そうと思いました
僕は忙しさの中で大事なことをうっかり見落《みお》としてしまうところでした
この日々を生きてきて確《たし》かなことが一つある
人生には金《かね》じゃ買《か》えないものがあるってこと

真夜中《まよなか》でも電話《でんわ》につき合ってくれる友達《ともだち》や
朝目《あさめ》を覚《さ》ましたら隣《とな》りにいる君

君のために歌うよ　心で叫ぶよ　時代《じだい》は変わっていくけど
人は誰も心に使命《しめい》があるなら　僕は歌いたい
大切なものほどそばにある　きっと歌うべきことはいつもそばにある

僕らは一瞬の星屑《ほしくず》だって　毎日を精一杯《せいいっぱい》生きている
それぞれに守るべきものを抱《だ》きしめて　暗闇《くらやみ》の中に光を探《さが》している
大切なものほどそばにある　僕らはいつもそれに気づかない
大切なものほどそばにある　結局いつも失って気づくのさ

夢《ゆめ》よ命《いのち》よ心《こころ》よ絆《きずな》よ　暖《あたた》かなこの陽射《ひざ》しよ
君の愛よ笑顔《えがお》よ　二人の時間よ　出会えた奇跡《きせき》よ

第5章

誰かのためにできること

今日という日を一生と思って生きる

熱田《あつた》先生は、僕が中学のときの恩師《おんし》である。担任《たんにん》ではなく、社会科の授業《じゅぎょう》を教《おそ》わるくらいだったが、僕にとっては忘れられない存在だ。

3年生のときの学年主任ということもあり、名前の通り、かなりの熱血《ねっけつ》ぶりに生徒たちも圧倒《あっとう》されるほどだった。

そんな熱田先生が、フリーになってすぐの僕に学校ライブの依頼をくれた。

「うちの学校でライブをやってくれ。靖之の歌を生徒たちに聴かせたいんだよ」

じつは、これがフリーになって1校目の学校ライブであった。

先生はライブ前に、僕が中学当時に書いた作文を生徒たちに読み聞かせた。そんなものを、いまでも大切に持っていてくれたことに、僕はとても感動したが、先生のすごさは、それだけじゃない。

僕がどんな生徒だったのかを彼らに話すんだけど、そこには僕の知らない僕がたくさんいた。僕でさえ知らない僕を先生が覚えていてくれることに、「この人はやっぱりプロの教師だな」と改めて尊敬《そんけい》したのである。

「やすゆき〜！　よろしく〜！」

先生の全身から放《はな》たれる大きな大きなかけ声のあと、僕のライブは始まった。

人に喜んでもらえる幸せ

先生は、その3年後に亡くなった。

詳しくは聞いていないが、保護者会のような場所で突然倒《たお》れたのだという。

先生は最後まで現役《げんえき》だった。それは先生の夢でもあった。

僕らが中学生のときから、先生は人工透析《じんこうとうせき》をされていて、そんな身体を抱《かか》えながら僕らに向き合ってくれていたのである。

どんな先生よりも熱《あつ》く、病気とは思えないくらいに日々教育に情熱を注《そそ》いでいた。

学校ライブのあとの控え室で、先生はこんな言葉を僕にくれた。

「今日という日を一生と思って生きている」

そして、こう続けて言った。

「現場で死ぬのが夢だ」

僕は、そのように生きているだろうか。

一日一日を、そんな思いで生きているだろうか。

人と人とのつながりや、身近な人たちの紹介などで、一つまた一つと、新たに学校ライブが決まっていった。

1校決まることだけで、声をあげてガッツポーズするくらい嬉しかった。

そして、そんな僕以上に、生徒たちに聴かせられることを喜ぶ先生たちの姿を直接見るたび、自分のやるべきことがわかってきたような気がした。

目の前にあるすべての物事や、いま自分ができることを大切にすればいい。そして、人を喜ばせることに一生懸命になればいい。

人が喜んでくれることを持っているだけで、きっと幸せなことなのだから。

人が一生でできることは、たかが知れている。

それでもきっと何かの役に立てる。

「教師」という使命に命をかけた熱田先生のように、僕もなれるだろうか。

自分がいちばん輝く場所を見つける

人にはそれぞれ輝ける場所がある。

「向いている」「向いていない」という言葉があるように、みな誰しもが自分を最大限に生かせる分野や環境があるのだ。

僕にとっては、それが「学校ライブ」なのかもしれない。

世の中には、ありとあらゆる職業があるように、ミュージシャンにも、いろんな生き方があることを、僕は誰よりも知っているつもりだ。

道は一つじゃない。

これはミュージシャンに限ったことではない。それぞれの人が、「自分が輝けるステージ」をどうか見つけてほしい。

簡単だ。

それは君をいちばん必要としている分野に目を向けることだ。

そりゃあ、理想や憧れもあるし、受け入れることができないこともあるかもしれないけど、人から必要とされているものは、何よりも特別な才能なのである。

そこに早く気づき、腹《はら》をくくれるかどうか、これが重要だ。

僕は、ずっと腹をくくれずにいた。

長年、教育機関という分野に必要とされながら、歌手としての夢や理想のステージが自分の輝ける場所だと信じ、その現実をなかなか受け入れることができなかった。

そんな自分も含めて自分であるわけだから、決して後悔はしていないけど、もっと早くに、まわりから必要とされ、求められていることを素直に受け入れ、腹をくくればよかったと、いまは思う。もっとたくさんのチャンスがあったのに、その「迷い」のせいで、ものにすることができなかった。

ロックバンドが、学校からオファーを受けることはむずかしい。でも、ロックフェスでは輝く。

それぞれの分野で一流になればいいのだ。

「ミュージシャンになりたい」ではなく、「こんなミュージシャンになりたい」。

数ある楽器の中でギターを選んだのなら、「ギタリストになりたい」より、「こんなギタリストになりたい」と考えたほうがいい。ギタリストは世界中にごまんといるのだから。

成功の鍵《かぎ》は、とにかく具体的《ぐたいてき》であること。

誰もやっていないものなら尚更《なおさら》いい。

僕は、この先もロックフェスには呼ばれないだろうけど、学校では輝く。

それでいい。

君が輝ける場所も、どこかにきっとある。

「やりたいこと」より、「向いていること」をやるのが成功への近道だ。

続けなければ、わからないことがある

ある時期から、面白い現象《げんしょう》が起きはじめた。

それは、学校ライブで「再会《さいかい》」をするようになったということだ。

行く先々《さきざき》の全国の学校で、僕のライブを過去に見たことがある子どもたちが現れはじめたのだ。

要するに、数年前に小学生（または中学生）だった子が、学校ライブを経験し、中学生や高校生になって、また学校ライブを観るという話である。

高校でライブをやると、1校に必ず1人か2人が声をかけてくれる。

「小学校（または中学校）のときにも、やっくんが来てくれました」

なかには、たまたま小中学校と2回観て、今回の高校で3回目だっていう子がいたのは、僕もとてもおどろいた。それだけ、たくさんの学校ライブに呼んでもらったということだろう。

「自分の将来」を選択《せんたく》する

なかでも、忘れられない「再会」がある。

そこは北海道《ほっかいどう》新ひだか町《ちょう》の農業《のうぎょう》高校。新ひだか町は、競走馬《きょうそうば》を育成《いくせい》する牧場《ぼくじょう》が多数あり、たくさんのサラブレッドを生み出している、業界では有名な町である。

この農業高校、なんと学校でサラブレッドの生産を行っている、全国でもとてもめずらしい高校なのだ。

そんな豊かな自然に囲《かこ》まれた高校で、その日、学校ライブは実施《じっし》された。

約80分間のライブを終え、いつものように控《ひか》え室に戻って少し休んでいると、トントンとドアをノックする音が聞こえた。

「失礼します。いま入ってもよろしいですか?」

「あ、どうぞ」

ドアを開けると、女子生徒が一人立っていた。短髪《たんぱつ》で真っ黒に日に焼けた、笑顔がとても素朴《そぼく》で、かわいい女の子だった。

「どうぞ、なかに入っていいよ」

彼女は控え室に入ったとたん、こんな話をしはじめた。

「千葉県松戸市《まつどし》の常盤平《ときわだいら》中学校って覚えてますか？

私はそこの生徒で、2年前に、やっくんが学校にライブしに来てくれたんです。だから今日2回目なんです」


とてもおどろいた。

千葉の中学校でライブを観た子と、北海道でまた会うなんて、それだけでも本当にすごいことだと思ったが、彼女の話は、それだけで終わらなかった。

「私、その頃、進路のことですごく悩んでいたんです。馬が大好きで、将来は馬に関わる仕事に就きたいと思っていました。調べたら、この高校を見つけたのですが、受験するためには家を離れなければならないので、親にもなかなか言えず、毎日とても悩み、あきらめようと思っていたところでした。

そんなときに、やっくんのライブがあって、やっくんが言ってくれたんです。

『夢は口にした瞬間から、かないはじめる』って。

それを言われて、私は絶対夢をかなえようって思って、この高校にくることを決めました。やっくんの言葉があったから、私、いま、ここにいるんです」


涙を浮かべながら、まっすぐに話してくれた彼女を前にして、僕も目頭《めがしら》が熱くなった。

中学を卒業して、すぐ親元を離れて暮らすのは、きっと寂しかったに違いないのに、それでも毎日大好きな馬に囲《かこ》まれる「自分の将来」を彼女は選択したのだ。

歌いつづけてきて本当によかった。

やめていたら、こんな素敵な話を聞くことさえもなかっただろう。

誰かの心を動かし、支えていく

学校ライブは一期一会《いちごいちえ》。その日ライブが終われば、基本的に生徒たちとはもう会うことはない。

同じ学校から再び呼ばれることがあっても、生徒が全員入れ替《か》わった3年後とかだから、彼らが僕のコンサートに来てくれない限り、再会はない。

だから、学校ライブの翌日から生徒たちの心にどんな変化があったのか、本当に道徳教育として役に立つことができたのか、僕の歌やメッセージを受けとった子たちの、その後の人生にどんな影響を与えたのか、残念ながら僕は知ることができない。

数字や記録など、はっきり目に見えるかたちで結果や成果がわかるものじゃなく、医者のように、病気を治して命を救うことができるわけじゃない。

この活動が多くのメディアに取り上げてもらえることも嬉しかったし、その影響で学校ライブのご依頼が、さらに増えていくことも有《あ》り難《がた》いことだった。

しかし、学校ライブの数という「記録」が更新《こうしん》されていく一方で、それがCDの売り上げと比例《ひれい》するわけでもなく、コンサートの動員数《どういんすう》を大幅《おおはば》に上げられる「プロモーション」にはつながっていないことに、歌手としての夢を捨てきれなかった当時の僕としては、素直に喜ぶだけではいられなかったのが本音《ほんね》である。

北海道でのこの出来事は、いままでずっと抱えてきた悩みを解決し、歌を聴いた生徒たちの「心の行方《ゆくえ》」と、学校ライブの役割を、僕にはっきりと教えてくれた。

CDの売り上げやコンサートの動員に直接結びつかなくても、彼らがファンになってくれなくても、それでいいのだ。

僕の歌や言葉が、誰かの心を動かし、その子の人生を支えつづけているのであれば、もう、何も望むものはないのではないだろうか。いや、それがすべてである。

ずっと口にはしないかもしれない。

ずっと僕の耳には入らないかもしれない。

それでも、きっと日本中のありとあらゆる場所で、時がたって成長した子どもたちの心に、学校ライブは静《しず》かに生きつづけている。

僕は、そう思えるようになった。


続けなければわからないことがある。

続けなければ見ることのできない景色がある。

「桃栗《ももくり》三年柿《かき》八年」といわれるように、何かを成《な》し遂《と》げたり、成就《じょうじゅ》するまでにはたくさんの年月がかかるもの。

結果を急ぐ必要はないのだ。

子どもたちに蒔《ま》いてきた種《たね》は、幾度《いくど》も季節《きせつ》をくり返し、いま、まさに実《み》をつけはじめているところなのかもしれない。

誰かを応援できる自分になりたい

僕はいままでに、4つの学校の校歌をつくらせていただいた。

1校目は千葉県立《けんりつ》我孫子《あびこ》東《ひがし》高校。我孫子市内の2つの高校が統合《とうごう》してできた高校だ。我孫子出身（生まれてから小学校にあがる前まで我孫子にいた）の音楽家の中でリストアップされ、僕が選ばれたのである。これは僕が28歳のときのことで、20代の自分が、こうした依頼をいただいたことに、本当におどろいたし、身が引き締《し》まる思いがした。校歌をつくるなんて、こんなすごいことは一生のうちでもう二度とないだろう。

そう思っていたが、これで終わらなかった。

そのわずか2年後である。

平成27年度、千葉県の芝山町立《しばやまちょうりつ》芝山小学校は開校《かいこう》された。東《ひがし》小学校、菱田《ひしだ》小学校、芝山小学校の3校が統合された「新生《しんせい》」芝山小学校だ。

開校の1年半前、「校歌をつくってください」と、ご依頼を受けた。

出身校や生まれ育った町でもない場所からの依頼だったこと、そして2校目の校歌制作に、感謝の気持ちで胸が熱くなった。

校歌でエールを送りつづける

我孫子東高校のときもそうだったが、そこに通う生徒の代表者たちに集まってもらい、歌詞のキーワードを必ずもらう。

登下校中に見える景色や聞こえるもの、学校生活の中で、どんな風景があるのか、たくさん教えてもらうのだ。

また、新しい学校はどんな学校にしたいのか、これも重要なポイントである。

芝山小学校のときは、3校それぞれの代表の生徒たちに来てもらった。

「学校にいくときや帰るとき、どんなものがあるか聞かせて」

子どもたちの小さな視点《してん》から映《うつ》し出されたさまざまな発見《はっけん》で、ホワイトボードは真っ黒になっていった。たったそれだけのやりとりで、この町を知ることができる。

「ホタル」や「流《なが》れ星《ぼし》」なんて、きっと都会《とかい》じゃ見ることができない。自然豊かな町に暮らす子どもたちだからこそ、そんな言葉を口にすることができる。

なかには手をあげた子で、「セブンイレブン！」とか言っている子もいたが、さすがにそれは歌詞には入れられない（笑）。

子どもたちからもらったキーワードの中で、いちばん印象的《いんしょうてき》だったものがある。

それは、学校から帰る途中に、必ず近所のおじいちゃんやおばあちゃんが「おかえり」って声をかけてくれるという話だ。

とてもいい話だと思った。

もしかしたら、日本でなくなりつつある風景《ふうけい》かもしれない。おじいちゃん、おばあちゃんにとって、この町の子どもたちは、みな孫《まご》なのだ。

子どもたちの登下校《とうげこう》や成長を見守る大人たちの、あたたかい気持ちが表《あらわ》れたこのエピソードは、間違いなく歌詞になると確信した。

平成27年、芝山小学校は開校され、無事に完成した校歌を子どもたちに届けることができた。

当然、それと同時に東小学校と菱田小学校は閉校《へいこう》した。町から母校がなくなるというのはせつないことだと思う。それだけではなく、子どもたちの元気な姿が町で見られなくなるのは、おじいちゃん、おばあちゃんたちにとっても、とても寂しいはず。

「始まり」とは、何かが終わるということなのだ。

いままで通っていた小学校から別の学び舎《や》へと移らなければならない在校生《ざいこうせい》たちの不安な気持ちも考えると、学校が統合されることは決して、めでたい話だけではないのだ。

だからこそ新しい校歌は、そんな、それぞれの「始まり」に勇気や希望を与えることのできる「応援歌」にしたいと僕は思った。

学校生活の中で、楽しいときも悲しいときも、どんな瞬間にも子どもたちの心に寄りそってくれる校歌。卒業したあとも、いつかこの町を離れても、彼らの人生にエールを送りつづける故郷の歌、それが校歌だと思ったのだ。

開校式、芝山小学校の校歌が、子どもたちの声によって命が吹きこまれた瞬間だった。元気いっぱいで歌う子どもたちの歌声に、涙を堪えるのに必死だった。

手に入れることよりも、残すこと

校歌制作は、音楽家として、そして人として大切なことに気づかせてくれた。

校歌は、ひょっとしたら何十年も学校に残る。もしかしたら、僕が死んだあとも、歌いつづけてくれる可能性は高い。

でも、もっとすごいことは、「子どもたちの心に残せる」ということだ。

心に残せたものは、どんなに歳を重ねても色あせることはないし、誰にも奪うことができない。

続けて平成28年に開校される茨城県取手市立取手西小学校《いばらきけんとりでしりつとりでにし》、平成27年に新設《しんせつ》された千葉県印西市立牧の原小学校《いんざいしりつまきのはら》、この2校の校歌制作をやらせていただき、全部で校歌制作は4校となった。

取手西小学校は作詞を担当。曲は作曲家の山下祐加《やましたゆか》さんという方が手がけ、僕の書いた詞に素晴らしいメロディーをつけてくださった。

牧の原小学校は、僕の故郷、印西市の小学校である。こちらは統合ではなく、完全なる新設校。印西市の新設校としては最後の小学校といわれている。

まだできたばかりなので、第1期の全校生徒は69名。6年生は、たった3人だ。僕はこの3人のためにも、一刻《いっこく》も早く校歌をつくってみせると約束した。母校《ぼこう》の校歌がないまま卒業なんて、そんな寂しいことは絶対にさせたくないからね。

平成27年10月、校歌は無事《ぶじ》完成し、約束通り卒業前に6年生の3人に届けることができた。

「卒業前に校歌が間に合ったんだ」

そんなふうに、記憶に残してもらえるかもしれない。もしも、そうなら嬉しい。

僕たち人間は、どうしても手に入れることばかりを考えてしまう生き物だ。

たしかにお金はたくさんあったほうがいいが、必要以上に欲しがったり、大金を手にするとブランド物のバッグや財布《さいふ》をいくつも買ったり、高級車《こうきゅうしゃ》に憧れたり。

「欲しい」という欲望《よくぼう》は、本当にキリがないものである。

人それぞれの幸せだから、すべてを否定はできないけれど、「手に入れる」ということは、この人生において、そんなに重要なことではないと僕は思うようになった。

僕もCDがヒットして有名人になりたかったし、輝かしい実績を手に入れて、世間に評価されることをいつも望んでいた。そして、それが夢だった。

手に入れた分だけ、価値のある人間になれると思っていたのかもしれない。

でも、たぶんそれは少し違う。

「手に入れること」より、もっともっと大切なことは、「残すこと」だと知った。

極端な話、どんなにたくさんの素敵なものを手に入れたところで、死んでしまえば、すべて手放《てばな》さなくてはならない。

家族がいれば、また別の話だが、自分のためにものすごいお金を貯《た》め込んだところで、明日死んでしまったら何の意味もない。高級車や何十万円もするバッグも、天国には持っていけないのだ。

だから、生きている間に、どれだけのものを、この世の中に残せるかということ、それを考えることのほうがはるかに尊い。

「世の中に」とまでいかなくても、人は皆、誰かの心に何かを残している。

親切にされたこと、自分のために真剣に叱ってくれたことや、ずっと話を聞いてくれて励ましてくれたこと、そんな記憶は、いつまでも忘れない。

誰かを喜ばせること、きっとそれが「残す」ということである。

人は皆、必ず誰かの心に存在していて、生きつづけている。

命とは、誰かの心に何かを残すことで輝いていくのだと僕は思う。

誰かの心で生きている。それが本当の命の輝きである。

手に入れてばかりじゃダメだ。残していこう。

いつのまにか夢を超える

しつこいが、僕のデビュー前からの夢は紅白歌合戦に出ることだ。

幼い頃から、この番組が好きで、大晦日《おおみそか》になると必ず家族みんなで観た。

プロの歌手になったからには、どうしてもたどり着きたい憧れの場所であり、一流の歌手である証《あかし》だと思い、その証を手に入れるために、ずっとがんばってきた。

学校ライブでは、必ず、その夢を生徒たちに話してきた。

夢の大切さを伝えるためには、まずは自分自身が夢を持ってがんばっている姿を見せることと、かなったときに子どもたちに、大きな大きな勇気をあげることができるはずだと、

そんな思いで、この夢を宣言してきた。

メジャーデビューする前も、「絶対デビューしてみせる」と、ライブ中に生徒たちによく

話していた。

まだ紅白歌合戦に出たい？

いまから3年くらい前かな。神奈川《かながわ》県のある中学校でライブをしたとき、終了後《しゅうりょうご》に校長先生から、こんなことを言われた。

「大野さん、紅白に出たいって、いま本気で思ってますか？　今日、私にはそう聞こえなかったんです。もう、それより大切なことに気づかれているんじゃないですか？」

そして続けて、先生はこう言った。

「僕は大野さんに紅白に出てほしくないなあ。出てしまったら、有名になりすぎて大野さんを呼びたいと思っている全国の学校が呼べなくなっちゃいますよ。大野さんのいまやっていることは、紅白に出ることより価値《かち》のあることなんじゃないですか？」と。

頭をガツンと殴《なぐ》られたような、そんな気持ちになった。

めまぐるしく変化しつづける時代。芸能界に限らず、いま流行《はや》っている商品《しょうひん》はすぐに古《ふる》くなり、いま注目《ちゅうもく》されている話題《わだい》は、すぐになつかしくなり、人々はつねに新しいものへと目を移していく。最近はやたらと、そのスピードが速い気がする。

僕は残念ながらヒット曲を出したことがないし、いわゆる「時の人」みたいになって、世間に騒がれたこともない。

しかし、「歌う道徳講師」として活動してきたこの学校ライブは、流行りなど関係なく続けることができている。

もちろん僕が、どんなときも手を抜かずにがんばってきたこともあるが、すべて人と人とのつながりや縁が、途切れることなく続いてきた証なのである。

一つの出会いが一つの学校ライブをつくり、その学校ライブに、たまたま来ていたり招待されていた他の学校の先生や保護者の方から、後日連絡をもらって、新たな学校ライブが実現する。

新聞やテレビなどの影響が大きい時期もあったが、ほとんどが、そんな「出会いのリレー」によって、ここまで続いてきた。

やめないで続けていくこと

ある場所で僕の歌を初めて聴いた先生が、それから5年ぶりくらいに、「うちの学校に来てほしい」とご依頼をくれた。その先生は、こう言う。

「今年度から教頭になって、ようやく大野さんを呼べるようになりました」

僕を呼びたいと思ってから、先生はこれまでに3回も学校を異動《いどう》しているのだと言う。学校を変わるたびに企画をしようとしていたが、なかなかタイミングや環境に恵まれず、気がつけば5年の月日がたってしまったと笑いながら話してくれた。

その話を聞いて真っ先に思ったのが、「やめないでよかった」ということ。5年かかってオファーをくれたとしても、僕が歌っていなければ元《もと》も子《こ》もない。

じつはこういう話、一つや二つじゃないのだ。

学校の先生は、とにかく、よく異動をする。ある教頭先生は、学校をかわるたびに僕を呼んでくれる。

何年ぶりかに僕に連絡をくれる先生たちは、決まってこう言う。

「まだ学校ライブはやってますか？」

続けていることを伝えると、先生は心から喜んでくれる。

体育館で僕の歌を聴いたのは、生徒たちだけではない。生徒たちと同じように歌やメッセージは先生方の心にも残っていて、こうして長いあいだ生きつづけているのだ。

それは先生たちもライブに感動してくれた証であり、ライブ後の子どもたちの心に何か変化を与えた証なのである。

これが、どんなに尊くて価値のあることなのか、僕はもう心のどこかで確信していた。

別の素敵な何かに出会う

ヒット曲を出してブレイクすることや、有名人になること、そして夢である紅白歌合戦に出ることが価値のないことだなんて言わない。

たくさんの人に知ってもらい、直接届けにいくことのできない人たちにも歌を届けられることは、とても素晴らしい。

有名人になることの素晴らしさは、とにかくたくさんの人を幸せにしてあげられることだ。

有名な歌手になれば、日本全国でお金になるコンサートができる。お金になれば事務所も潤《うるお》うし、そこでCDがたくさん売れればレコード会社も嬉しい。間違いなく、そこで働くスタッフたちや、その家族たちを幸せにできるのだ。

テレビに出て高い視聴率をとれたり、コマーシャルに出て商品がバカ売れしたら、スポンサーは大喜びである。

それだけじゃなく、有名人は発言力《はつげんりょく》や影響力がハンパじゃない。

東日本大震災《だいしんさい》が起きたとき、各地でたくさんの有名人たちが募金《ぼきん》活動を行った。彼らが街頭《がいとう》に立つことで、たくさんの人が集まり、義援金《ぎえんきん》を得ることができていたのを見て、自分の無名さに、とても腹が立ったものだ。

被災地《ひさいち》に彼らが行ったら、どんなに元気を与えられるだろうと思う。

しかし、いまの僕にとっては、有名になりすぎることで失うものも大きい。

紅白に出たら、忙しくなって学校ライブを減らすことになるかもしれない。ずっと呼びたいと思って、そのときを何年も待ちつづけていた先生に、「できません」と断らなければならないかもしれないし、「忙しいから来てくれない」と思って、オファーを断念する学校もあるかもしれない。

学校ライブが実現したときの先生たちの喜びや、こうして今日まで続いてきた縁《えん》を思えば、それを失ってまで手に入れたいものなのかと疑問に思う。

いまは1校でも多くの学校に行き、子どもたちの前に立ちたいし、先生たちの役に立ちたい。

「紅白に出たい」夢を捨てたわけじゃないが、それよりも価値のあることを僕の心は知ってしまったというだけだ。

夢はどんどん変化していくものだと思う。生きていれば、いろんな壁にぶち当たるし、いろんな分《わ》かれ道に出会う。

「大きな夢」というゴールがあるとして、そこを目指して歩きつづけて、まっすぐたどり着くことができれば、とてもラッキーだ。

でも、もし一向にたどり着けそうにないのなら、少し違うゴールを新《あら》たに見つけていけばいい。

僕の先輩に、後藤康二《ごとうこうじ》というギタリストがいる。ずっと僕を弟のようにかわいがってくれた、音楽家としても、人としても、尊敬している人だ。

そんな後藤さんが昔、こんな言葉を僕にくれた。

「夢をあきらめたわけじゃない。素敵な何かにまた出会っただけなんだよ」

ミュージシャンをやめた仲間たちの話をしていたときに、さらっと出た言葉だったけど、僕はいまでも忘れられない。

いまの僕は、まさにそう。

素敵な何かに出会っただけなのだ。

夢は変化させてもいい。それは挫折《ざせつ》なんかじゃないのだ。

終章

未来へのチケット

未来《みらい》の地図《ちず》

～僕《ぼく》らの旅《たび》は今始《いまはじ》まったばかり～

作詞・作曲　大野靖之

白《しろ》いこのキャンバスのような　心《こころ》の画用紙《がようし》に
赤《あか》や青《あお》や黄色《きいろ》で描《か》いた未来《みらい》の地図《ちず》
十二色《じゅうにしょく》の絵《え》の具《ぐ》では足《た》りないほどの夢
そうさ僕だけの色を作《つく》り出《だ》せばいい

僕《ぼく》らの旅《たび》は今始《いまはじ》まったばかりだ　心のまま進《すす》もう

どこまでも　どこまでも　どこまでも歩《ある》いて行《い》けるよ
この世界《せかい》でただ一《ひと》つの未完成《みかんせい》の地図広《ひろ》げて
悲《かな》しいことも　苦《くる》しいことも　何《なに》もかもに意味《いみ》があるのなら
描《えが》き続《つづ》けるよ　未来の地図

終　章

未来へのチケット

時《とき》の流《なが》れは僕らを大人《おとな》にするけど
二度《にど》と戻《もど》れない　今を共《とも》に生《い》きてる

「やりたい事《こと》」と「やるべき事《こと》」の狭間《はざま》に　いつも心揺《ゆ》らして

いつまでも　いつまでも　いつまでも変わらないもの
この世界でただ一人《ひとり》の　代《か》わりのいない君《きみ》だから
友《とも》よ　いつか道《みち》に迷《まよ》い　途方《とほう》に暮《く》れて立ち止まるのなら
描《か》き直《なお》せばいい　未来の地図

別々《べつべつ》の道　見上《みあ》げれば空《そら》は一つ　いつも僕ら繋《つな》がってる

どこまでも　どこまでも　どこまでも歩いて行けるよ
大切《たいせつ》な人悲《ひとかな》しませたり　遠回《とおまわ》りばかりしたけど
どんな日々も無駄《むだ》じゃないと君は僕に教《おし》えてくれたね
描《えが》き続けよう　未来の地図
信《しん》じ続けるよ　未来の地図

いまの苦労は未来の自分を楽にする

「若いときの苦労《くろう》は買ってでもせよ」ということわざがある。

誰でも一度は若い頃に言われたんじゃないかな。

正直、10代、20代の頃はまったく意味がわからなかった。

当時、親や先生、お年寄《としよ》りなど、人生の大先輩たちからたまに言われることがあったが、まるでピンと来なかったのが本音である。「誰が苦労なんか買ってでもしたいと思うものか」ってね。

苦労を「買ってでもする」と言われると、そこまではしたくない、と思ってしまう自分がいる。かと言って、「それは本当だ」という思いもある。

それで、僕は言葉を書き換えることにした。

「いまの苦労は未来の自分を楽《らく》にする」

そう思うと、いまががんばりやすくなる。

失敗や反省《はんせい》が明日をつくる

いまがんばった分だけ、いま大変《たいへん》な思いをした分だけ、未来は少しだけ楽になる。

逆に、いま努力をしなかったり、イヤなことから逃げたりしていると、未来はいつまでたっても明るくならない。

これは、全然むずかしい話でもなんでもない。

たとえばマラソン大会で楽に走れるようになるためには、数ヶ月前からトレーニングをしたり走り込んだりすることが必要だ。たとえば夏休みの宿題を前半で終わらせておけば、後半は遊んで過ごせる。旅行にいく数日前から準備をしておけば、出発《しゅっぱつ》の朝はあわてずにすむ。

20代の僕ががんばってくれたおかげで、いま僕はとても楽させてもらっている。

年間120本の学校ライブを、僕は一度も休まなかった。どんなに朝早くても、ほとんど寝坊なんかしなかった。寒い冬も暑い夏も、心や身体がしんどいときも、愚痴《ぐち》ひとつこぼさずに、乗りきってみせた。いまのタフで精神の強い僕を育てたのは、まぎれもなく、そんながんばった日々である。

子どもたちの心をつかむためには、どうしたらいいのかを、いつもいつも考えていた。時には失敗をし、時には反省もした。

毎回何かを試しては、何かをつかみ、何かに落ち込んだ。

どんなに反応がうすい生徒たちだろうが、僕は最後まであきらめなかった。

うまくいかないライブでも、一つくらいは明日に生かせるヒントや発見を見つけようとした。

得意じゃなかったトークも、「話が上手でビックリしました」と先生たちに褒められるまでになった。

その集大成《しゅうたいせい》が、いまの学校ライブのかたちであり、最近はどんな学校であろうと、そんなに苦労することなく、子どもたちの心をつかめるようになった。

そして、若い頃の僕に厳しい言葉をたくさんくれた大人たちにも、本当に感謝している。

学校ライブが終わるたびに、帰りの車の中ではマネージャーと反省会だった。

「あの言葉づかいはよくない」とか、「早口にならずに、もっとゆっくり話したほうがいい」とかね。「本をたくさん読め」とか、「政治に少しは関心を持ったほうがいい」とも言われたことがある。

「わかりました」と言いながら、「なんでミュージシャンなのに、そんなことしなきゃいけないんだよ」なんて、素直な返事とは裏腹《うらはら》に心では思ったりしたけど、そんな一つひとつの言葉ほど有り難いものはなかったと、いまは本当に思う。

当時のマネージャーはとても頭のいい人だったから、そのペースについていくのにいつも必死だった。

電話がかかってくるとドキドキした。僕には「早口になるな」なんて言うくせに、こっちが口を挟《はさ》む間も与えないくらい、まるでマシンガンのような勢《いきお》いでたたみかけてくるのである。

だから、相当《そうとう》な覚悟をして電話に出るか、そのときは出ず、気持ちを落ち着けてから、かけ直したりした。

いつどこでも電話はかかってくるので、メモを取ることができないときは、とにかく、その一瞬ですべてを頭に入れるしかなかった。

このやりとりの中で、どれだけ頭を鍛《きた》えられたかわからない。

いま、たくさんの先生方やさまざまな関係者と電話で打ち合わせをしたりするけど、うまく頭を整理して、相手の要望を聞き、こちらの希望も無駄なく伝えることができる。

丁寧《ていねい》な言葉づかいができるのも、きっとこの人のおかげだ。

いまのうちに叱ってもらおう

歳《とし》をとったら、誰も叱ってくれなくなる。

「それはよくない」とか、「もっとこうしたほうがいい」とか、いい歳した大人には言いづらいよね。へたすりゃ何の指摘もされず、「こんな歳になって、そんなこともわからないのか」と思われて終わるのがオチである。

だけど10代20代は違う。

「若い」というだけで、たくさんの大人たちや人生の先輩方から叱ってもらえる。

若いから、間違えたり失敗したりしても許してもらえるし、若いから、まわりには教えてくれる人たちであふれていく。

とにかく若いときは、いっぱい叱ってもらおう。

そのときはムカつくこともあるかもしれないが、必ずいつか未来に役立つはずだ。

歳をとってから、何にも知らないことを叱られたり、恥《はじ》をかいたりすることはとてもしんどいと思う。

若いときは、苦労をするのは当たり前のことだ。

知識もないし、社会の厳しさの免疫《めんえき》もない。ついでに言えば、お金もない。

しかし、それが若さである。つらいことや苦労だと思うことは、普通のことだと思えばいい。

「若いんだから苦労は当たり前」

つらいときは、そう言い聞かせればいい。

若いのに何もかもうまくいき、何の苦労もせずに幸せな生活を送れている。そんな人がいるとしたら、それは何かしらの奇跡が起きているだけのことだ。そして、それは長くは続かない。やがて必ず、そのツケがまわってくる。


できることなら楽な道を行きたいと思うのが、人間の弱さだ。

気心知れた友人たちや、すべてを理解してくれる恋人や家族は別として、イヤなこともストレスもない、やさしい人ばかりいる環境を望む気持ちはわかるが、そんな場所はきっとどこにもない。

だから1つや2つ、つらいことがあるだけで、その場所から逃げ出してはいけない。

その苦労やつらい経験は、いつか絶対に君を助けてくれるはずだ。

いまある自由や、楽ができている日々は、過去の自分が苦労をしてくれたおかげ。

逆に、いまの不自由さや、大変な思いをしている日々は、過去の自分がいろんなものから逃げたり、がんばらなかったせいだ。

「若いときは遊んだほうがいい」という大人も、ときどきいる。遊ぶことも大切だけど、若いときは汗水《あせみず》たらして、一生懸命働くほうが、もっと大切だと僕は思う。

「楽しい道」が「正しい道」とは限らない。

極論を言うと、人生とは修行《しゅぎょう》のようなもの。つねに試練があることは当たり前のことなのだと僕は思う。

いま苦労をしよう。未来の自分を楽にさせてあげるために。

幸せは自分自身が決める

「幸せ」って何だろう。これは僕たち人類《じんるい》にとって永遠《えいえん》のテーマだ。

人は誰もが幸せになりたいと願う。相当な変わり者や、ひねくれた考え方を持った者でない限り、不幸を望む者なんて、世界中どこにも存在しないだろう。

では、どんな人が幸せな人なのか。

それは、そんな「定義などない」というのが僕の答えだ。

自分自身が幸せであれば、それでいいのだ。まわりからどう思われようと、「私は幸せです」と言えば、その人には何も文句《もんく》は言えないし、幸せになるアドバイスなんかする必要もない。だって、幸せなんだから。

あんまりお金がなくても、身長《しんちょう》が低くても、恋人がずっといなくても、それでも自分は世界一の幸せ者と思えるのなら、それは素敵なことだと僕は思う。

要するに、「幸せ世界ランキング」なんてないということだ。

勝ち負けでは手に入らないもの

幸せの価値観は、みんな違う。

というのが僕の考え方なのだが、残念なことに、いつも幸せなそうな顔をしている人や、「私は幸せだ」と清々《すがすが》しい笑顔で語ってくれる人は意外と少ない。

むしろ口を開けば愚痴《ぐち》や不満ばかり。人の悪口を言ったり、自分のコンプレックスや自分のつらい人生にばかり目を向けて嘆《なげ》いては、ネガティブ思考に走り、幸せとは程遠い心の状態を続けている人が多い。

そういう人の大半は、きっと自分と他人とを比べている傾向が強い。

「自分は、あの人に比べて劣《おと》っている」

「自分は、あの人よりお金がない」

「自分は、あの人より人気がない」


そうやって他人と比べている限り、いつまでも幸せになんかなれやしない。

たしかに、なかには他人と比べることで、幸せを手に入れる人もいる。誰かに勝《か》つことや、まわりから羨ましいと思われることで得られる幸せ。

いわゆる「優越感《ゆうえつかん》」ってやつだ。

これをモチベーションにしたり、エネルギーに代えて努力できる人もいるから一概《いちがい》には否定はできないけど、たぶんこれは本当の幸せとは言えない。

なぜなら、そういう人は同時にいつも誰かを羨ましいと思っているからだ。やっとこさ欲しいものを手に入れて、優越感という名の幸せを得ることができても束《つか》の間。それ以上に素晴らしいものを持っている人が目の前に現れたら、一瞬でさっきまでの幸せはなくなり、優越感から劣等感《れっとうかん》に変わってしまう。

やはり「勝ち負け」なんかで、幸せは得られない。

終章
未来へのチケット

僕はそう思っている。

人は人、自分は自分。

そもそも生まれた場所も、生きてきた環境も、容姿《ようし》や性格、能力もすべてみんな違うのだから、比べる必要なんてまったくないじゃないか。

あなたは、あなたの人生を生きればいい。

幸せでない人の、もう一つの共通点。

それは、「幸せになりたい」と願ってばかりいる人だ。

「？」と思うかもしれないが、幸せになれる人というのは、いつも幸せなのだ。

簡単に言うと、幸せを見つけるのが天才的にうまい。

健康でいられて幸せ。友達がいて幸せ。仕事があって幸せ。おいしいご飯《はん》が食べられて幸せ。命があって幸せ。毎日面白いことがなくても、何も事故《じこ》やトラブルがなくて幸せ。こんな人は、1日に何十個も幸せを見つけることができる。

だからこそ、いいこともたくさん起きる。皮肉《ひにく》かもしれないが、素敵な出来事というのは幸せな人にばかり訪れるのだ。

「ないことを嘆《なげ》く」のではなく、「あるものに感謝する」こと。

いま目の前にあるたくさんの幸せに気づけず、感謝もできず、「幸せになりたい」と願う人、こんな人はたぶん一向に幸せになれないような気がする。

幸せになろうとする必要はない。あなたはもうすでに幸せなはずだよ。

「思いどおりにならない自分」に悩む

中学2年生のときに、初めて尾崎豊さんの歌を聴いた。

僕にとっては、ドンピシャな世代でもないし、もうすでに亡くなっていて、リアルタイムでの活躍を知らない。

亡くなられたあとにドラマの主題歌で尾崎さんの歌が使われていて、たまたまテレビで聴いた歌声に完全にしびれてしまったのである。

中学生にとっては、ドラマはけっこうディープな内容だったけど、「この人の歌を聴きたい」という思いで毎週テレビの前に座った。

もっといろんな曲を聴きたくて、すぐにCDを買ってもらった。ファーストアルバム「十七歳の地図」。この一枚のアルバムが、僕の人生を変えてしまった。

歌声に魅《み》せられ、歌詞に魂《たましい》を揺さぶられた。

生まれて初めて、歌を聴いて涙を流した。

そして気がつけば、歌詞カードが唾《つば》と汗でぐちゃぐちゃになるくらいに毎日、部屋で歌っていた。


「俺も曲をつくって歌いたい」


そんな夢を実現するため、母にせがんで買ってもらったギター。まともに弾《ひ》けやしないのに、ギターを抱えたら、気分はもう尾崎豊だった。

簡単なメロディーだったが、曲は意外にもすんなり出てきた。

しかし、歌詞が全然出てこない。恋もろくにしていない年頃だったし、家庭環境にも恵まれ、それほど大きな悩みもない僕にとって、作詞はとてつもない高い壁であった。

だから尾崎豊を真似するしか方法はなかった。

「学校なんか大嫌いだ」という歌詞を書いた。学校が大好きなのに。

「先生は僕をわかっちゃくれない」と反抗的な歌詞を書いた。先生からかわいがられる生徒なのに。

心が少しも屈折《くっせつ》していない、心身共に健康な自分に、僕はなぜか苛立《いらだ》ちと劣等感を覚えた。

何をバカげたこと言っているんだと思うだろうが、作詞をするためには、不良にでもならなきゃいけないんじゃないかと思うくらい、悩みのない自分に悩んだのである。

子どもの頃のことを思い出そう

僕は大好きな尾崎豊の歌詞の世界観とは、まるで正反対のような中学生だった。

勉強は嫌いだったけど、「ここが自分の輝ける場所だ」と思えるくらい学校が大好きだった。

　生徒会長をやって、学校のどんな行事でも、一生懸命に取り組む僕に、先生たちはいつも応援してくれたし、期待してくれた。

「先生に好かれたい」なんて、これっぽっちも思ったことはない。なのに校長先生を初め、担任でもない他の学級の先生たちにも、僕はかわいがってもらえた。

　音楽科の高校を受験するときも、音楽の先生が放課後に歌のレッスンなどの面倒を見てくれた。担任の先生も生徒会の先生も、学校生活の中で、僕に何度も歌う場面を与えてくれた。

　生徒会長なので、卒業式の答辞《とうじ》を読んだんだけど、それがあまりに感動的だったと、当時の校長先生は、落ち込むことがあるとそのときのビデオを観るのだと、何年ぶりかにお会いしたときに僕に話してくれた。

　こんな僕に、先生や学校を批判するような歌詞が書けるわけないし、もちろん書く必要もない。

僕はいま学校ライブでたくさんの学校をまわっているけど、学生時代、誰よりも学校が大好きだった僕だからこそ、やりつづけられているのだと思う。とにかく、「学校」は僕に向いているのだ。

学生時代を否定的に話したり、学校が面白くなかったとかいう人がときどきいるけど、たぶんそんな人には、この活動は向いていない。僕は、全国どこの学校でも校門をくぐった瞬間、胸がワクワクする。そんなミュージシャンは、あまりいないんじゃないかな。

僕は先生も好きだ。さっき話した通り、学生時代、先生に愛されていたからだ。

先生が嫌いな人も多いよね。いい先生に恵まれなかったと言ったら、それまでだけど、思春期のむずかしい時代に、先生という職業の人を好きになるほうがよっぽどめずらしい話なのだから、それは仕方のないことである。

でもなぜか大人になっても、それをひきずっている人がいる。先生との関わりの中で、いい思い出のない人は、ずっとそんなイメージを持ちつづけてしまう。

マスコミが何かあることに先生たちを批判したり、学校側を責めたりするのは、業界の人たちがみんな先生を嫌いなのかなって思ってしまうくらい、偏《かたよ》った意見に僕には聞こえてならない。

僕は生徒たちのために、真剣に向き合ってくれた先生たちを知っている。

夢や目標を応援し、行動してくれた先生たちを知っている。

たまたま、そんな先生たちに出会えただけなのかもしれないけど、僕はその出会いを一生忘れない。

決して大きな割合《わりあい》ではないけれど、実施された学校ライブの中には、僕の小中学校、そして高校の恩師たちから呼ばれたものもたくさんある。

数いる卒業生の中で僕を覚えていてくれるだけでもすごいことなのに、本当に僕は幸せ者だと思う。

だからいま、僕が日本中の学校の先生から好かれることは、偶然《ぐうぜん》ではなく必然《ひつぜん》だ。学生時代、先生から愛されていた気質《きしつ》は大人になっても変わらない。

学校が誰よりも大好きで、先生からかわいがられた少年が、そのまま大人になっただけである。

人生に迷ったら、子どもの頃を思い出せばいい。

夢や目標を見失いかけたり、何が自分に向いているのかわからなくなったら、子どもの頃の記憶の扉《とびら》を一つずつ開けていこう。

その頃どんなものに夢中になったのか、どんなものを楽しいと思えたのか、どんなことを褒められて、どんなもので輝けたのか。

性格はなかなか変わらないように、生まれもった本質や魅力はきっと大人になっても変わらない。それが必ず生きるヒントになる。

もう一度、夢を見よう。

君が本当に輝ける場所はどこかに必ずある。

自分の使命を果たす

僕には一生捨てることのできない、あるものがある。

以前東京で一人暮らしをしていたときも、部屋に大量《たいりょう》にあり、いま暮らしている住居《じゅうきょ》に引っ越してくる際《さい》も、一つ残らず、すべて大切に持ってきた。

それは、学校ライブで、子どもたちが書いてくれた感想文だ。

数えたことはないが、全校生徒分ひとまとまりで、各学校ごとの封筒《ふうとう》や段《だん》ボール箱《ばこ》がたくさん。保管する場所に困《こま》ってしまうほど、僕の家にある。

これは僕の宝物《たからもの》であると同時に、生きてきた軌跡であり、人生の大半を、この時間に費やしてきた証そのものである。

とんでもない数だから、学校から送られてきて、すぐに全部読むことはむずかしいけれど、オフの日や空いた時間ができると、大きな封筒から感想文の束《たば》を取り出し、一枚一枚大切に読ませてもらう。

全校生徒のものなので、なかにはあまり僕が喜べないものだってある。

でも、それでいいのだ。何度も言うけど、心は自由。いろんな考え方があっていいし、それぞれの好き嫌いがあって当然なのだ。

ときどき「いい感想」だけを先生が抜粋《ばっすい》して送ってくれることがあるけど、そんなことしなくていい。先生が気を遣《つか》ってくれたのだろうけど、それじゃまるで僕の歌に感動しなかった生徒は間違っているみたいじゃないか。

「面白くなかった」

それだって大切な感情だ。

都合のいいことだけを認めるのはダメだ

子どもたちの感想文には、気づかせてくれることがたくさんある。

いちばん多い感想が、「初めは期待していなかったけど……」という始まりである。悔しいけれど、それが現実だ。

なぜ「歌う道徳講師」が、子どもたちの憧れの対象になりづらいのか。それは、先生や親など「大人」が支持《しじ》をした歌手だからだ。

中高生になると、多くの子が親と距離を置きはじめる。

もちろんすべての子たちが、そうだと言いきれないが、思春期に入り、いままで親と共有していたものから離れることで「自分」という存在を意識していくのだと思う。

自分の部屋に閉じこもって、好きな音楽を聴く。親が理解しづらいものほど、彼らにとっては意味がある。だって親と共有したくないのだから。

反抗期と言ったら、それまでかもしれないけど、僕はそれを「自立《じりつ》の一歩」と呼ぶ。

いままでは親が教えたり、与えたものを素直に受けとるだけだった彼らも、自ら好きなことを見つけ自由に楽しむことを覚えたのだ。

それはただ、「かっこいい」とか「オシャレ」という理由だけかもしれない。

「カラオケで、みんなで盛り上がれたり騒げたりするから」という理由かもしれない。どんな理由であれ、大人と共有することから卒業した、彼らにとって、大切な自立の一歩である。

だから、先生やＰＴＡが呼んだ歌手に、抵抗を持つことは仕方のないことだ。

大人が感動をし、素晴らしいと思っているものは、刺激的《しげきてき》なものでないと感じてしまうんだろうね。

さらに言うと、中高生が思う憧れとは、手の届かない存在であること。

自分の通う学校に来てしまうのであれば、それはもう手の届く身近な存在ということになる。「学校に来てくれない」、もしくは「学校に来られない人」が彼らにとって憧れの人なのだ。

自分にも、できることがある

僕はいま、学校ライブで出会った子たちに、無理にファンになってもらおうなんて思わない。ＣＤも買いにいかなくていいし、別に僕のコンサートに来なくてもいい。

学校ライブに僕が求める価値は、もうそこじゃない。芸能プロダクションにも、レコード会社にも所属していない、いまの僕は、もはや芸能人でもないかもしれない。

20代の頃、いつしか背を向けようとしていた「歌う道徳講師」というネーミングも、いまは誇りに思っている。ホームページやブログのプロフィールにも入れてあるし、名刺にも名前の上に肩書きとして入れた。それに興味を持ってもらえれば、学校ライブが実現する。すなわち、たくさんの子どもたちに会いにいくことができるのだ。

一人でも多くの子たちに出会えたらと思う。

学校ライブによって救える命や夢があるかもしれない。自殺や犯罪《はんざい》を抑制《よくせい》できるかもしれない。いや、それができると信じて、いまはやっている。

これが僕の使命であり、天職《てんしょく》だ。

人が一生でできることは、きっと限られている。その中で「使命」に出会えたことはとてもラッキーであり、何よりも幸せなことだ。

たぶん、いまの僕は「みんなと同じ」じゃない。

それはイバラの道であるけれど、そんなことは僕に限ったことじゃない。

世界中誰一人として「同じ人生」を歩む者などいないのだ。


でも、もし誰かと似たような生き方があるのだとしたら、たった一人だけ。

それは、子どもたちの心に夢を与え、彼らの手紙を読んで涙を流していた、あの日の母である。

僕はまぎれもなく、あの人の子どもだ。

おわりに

大人になる君に伝えたいこと

立派な大人になる必要なんてありません。

どうか、愛のある大人になってください。


やがて君は、まわりの人たちから「大人」と呼ばれるようになるでしょう。自分ではそう思っていなくても、心が「まだ子どもだ」と叫《さけ》んでも、悲しいけれど社会は君をずっと子どものままにいさせてはくれません。

でも、決してあせることはありません。

無理に大人になることなんてないのです。「子ども時代」は終わり、残された人生の大半は「大人時代」でも、わりと若い時間を君に与えてくれます。

社会は君を「大人だ」と言うくせに、大人たちはいつだって「若いね」と言って、いろいろ許してくれます。

それに甘えて、ゆっくり大人になっていけばいいのです。

人は誰でも必ず大人になります。なのに、誰もが大人になれていません。大人の定義《ていぎ》なんて僕にもわかりませんが、子どもでもできることをやれていない大人たちが世の中にはたくさんいます。

犯罪などはもってのほかですが、コンビニで店員にお金を投《な》げるように渡したり、飲食《いんしょく》店《てん》でテーブルを散《ち》らかし放題《ほうだい》で帰ったり、煙草《たばこ》を車からポイ捨《す》てしたり……。何をされたか知らないけど、ときどき煽《あお》っている車を見たりすると、「なんて幼稚《ようち》なんだろう」と、ため息が出ます。

でも、君はそんな大人たちを見ても許してあげてほしいのです。どうか腹を立てずに、やさしい気持ちで心の中で、こう思ってあげてください。

「この人はまだ未熟《みじゅく》なんだな。きっと大人になる途中なんだな」って。

もしかしたら、子どもの頃に叱ってもらえなかったのかもしれません。

大人も未熟です。いや、死ぬまで人間はみんな未熟です。

お父さんもお母さんも、先生もおまわりさんも、偉《えら》い政治家のおじいちゃんも、みんないろんなことに悩み、いろんなことに傷ついたり悲しんだりしています。みんな未熟だから、大人なのに失敗だってしてしまいます。

僕もこの本でお話ししたように、悩み多き大人でした（いまもそうです）。

だから、立派な人や完璧な人を目指す必要なんて、まったくないのです。

愛があればいいのです。

家族への愛。友達への愛。恋人への愛。ペットへの愛。仕事への愛。そして物や自然、目に映るすべてのものへの愛。不器用でも、生きるのが下手でも、そんなたくさんの愛にあふれた大人になってほしいと、僕は子どもたちに願っています。

大丈夫。君は子どもの頃、誰よりも知っていたのだから。

大切なものほど、そばにあると。

最後になりましたが、このたび本書を執筆《しっぴつ》し、出版していただく機会を与えてくださったきずな出版の櫻井秀勲《さくらいひでのり》社長、岡村季子《おかむらとしこ》編集長に心からお礼を申し上げます。

学校ライブを始めてからの12年間を振り返り、そしていまの自分を見つめ直す、かけがえのない時間をくださいました。

何より、こうして本というかたちで日本全国の子どもたちに会いに行けることを、本当に幸せに思います。

最後まで読んでくださった読者のみなさま、本当にありがとうございました。

この出会いが、少しでも生きる道しるべになることを祈《いの》っています。

大野靖之

著者紹介

大野靖之（おおの・やすゆき）

シンガーソングライター

1982年4月19日生まれ、千葉県印西市出身。

中学の頃より独学でギター、ピアノ、作詞作曲を始める。音楽科の高校に進学し声楽を学び、クラシックの世界に触れるが、自分自身の言葉で歌うことと、自由な表現を貫くために、シンガーソングライターへの決意を固める。

2005年7月、「心のノート／あいしてる」でメジャーデビュー。命、夢、家族といったテーマを歌う作風から、「歌う道徳講師」と呼ばれ、全国の小・中学・高校での学校ライブへと展開。その功績が高く評価され、2008年7月、青年版国民栄誉賞「人間力大賞」グランプリ内閣総理大臣奨励賞を受賞。これまでにまわった学校は800校を超える。青山劇場や赤坂BLITZなどでの単独コンサートを続ける一方、乳がんの早期発見・早期治療を呼びかけるピンクリボンへの参加や、千葉県立我孫子東高等学校、千葉県芝山町立芝山小学校、茨城県取手市立取手西小学校、千葉県印西市立牧の原小学校の校歌を制作するなど、他に類を見ない唯一無二の道を進み続けている。

大野靖之オフィシャルホームページ
http://bigfieldmusic.wix.com/yasuyukioono

大切なものほど、そばにある。

大人になる君に伝えたいこと

2016年1月29日　第1刷発行

著　者　　大野靖之

発行者　　櫻井秀勲
発行所　　きずな出版
東京都新宿区白銀町1-13　〒162-0816
電話03-3260-0391　振替00160-2-633551
http://www.kizuna-pub.jp/

装　幀　　福田和雄（FUKUDA DESIGN）
編集協力　ウーマンウエーブ
印刷・製本　モリモト印刷

JASRAC 出1515040-501
ISBN978-4-907072-50-6

きずな出版

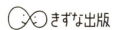